正攻法がいちばん！

シャドーイングと音読

英語トレーニング

門田修平 監修・著

高田哲朗、溝畑保之 著

コスモピア

はじめに

『学問に王道なし』とはかねてより言い古されたことばです。しかし、現時点ではたとえ『英語学習の王道』はなくても、おそらくはそれに近似した『ほとんど王道と言える方法』がどのようなものであるかは、ほぼわかってきています。

21世紀になってまだ10年も経っていません。しかしこの間に、「英語学習の科学」は実は長足の進歩を遂げました。私たちがどのようにして英語などの外国語を覚えていくのか、といった学習のプロセスや、どうすれば英語の学習が効果的にできるのかといった研究は、従来とは比べものにならないほど大きな進展をみせているのです。

これはいったいどうしてなのでしょうか。この研究の進展の背景には、英語の学習の前提となる研究分野、つまり人が外界からのインプットとなる情報をいかに知覚・処理し、そして記憶にたくわえるかということに関する研究が飛躍的に進歩したという状況があります。言い換えますと、英語学習の研究をささえる認知心理学などの実験的研究や、英語を学習する際の前提となる大脳の活動を調べる脳科学が、さまざまな具体的成果を上げてきているという現実があるわけです。

筆者は先に、『シャドーイングと音読の科学』（コスモピア）を刊行しました。その中で、「シャドーイング」(shadowing) や「音読」(oral reading) が、なぜ英語や他の外国語をマスターするためのすぐれた方法になるのかについて検討しました。上記のような研究成果を大いに取り込んで、理論的に考察したのもそのひとつです。また、これまで既に数多くのシャドーイングや音読に関する実践が、中学・高校・大学における英語クラスにて行われていますので、それらの教育実践がどのような結果（データ）を出しているかについても議論しました。

本書は、以上のような理論的・実践的考察をもとにして、シャドーイングや音読の学習法がいかにあるべきかを追求した結果生まれた、新しいタイプの学習本です。

シャドーイングや音読のトレーニングに入る前に、オリジナルの音声を聞きながらテキストを音読するパラレル・リーディング(parallel reading)を配置しています。そして、リズム、イントネーションなどの音声に注意を向けるプロソディ・トレーニングと、英文の意味内容に留意しながら実行するコンテンツ・トレーニングを明確に区別しています。さらには、何度も何度もたくさん練習することで、無意識的な、自動化したレベルに到達することを目指しています。これらすべてが、先に述べたような理論的検討の成果をもとにしているのです。

しかしながら、最終的に英語を身につけるのは、あくまでも、本書を手にとられた読者のみなさんです。本書で展開する方法を通して、シャドーイングや音読による英語習得法の基本を身につけていただければと思います。そうすれば、本書を終了されてからも、本書以外の音声素材をもとに、さらに学習を継続していくことができるでしょう。そういった学習の習慣が、毎日短時間でも読者のみなさんの日常生活に組み込まれるならば、これからずっとつきあっていける「ほんものの英語力」が確実に身についてきます。

ひとりでも多くの方がこの目標を、本書による学習をもとに達成されんことを願ってやみません。

2007年8月
著者を代表して
門田修平

Contents

Part 1の各 Unit 共通の学習の流れ

学習法の解説
↓
Let's Try!
↓
英文の背景情報
↓
Step 1 リスニング

音声を聞く
↓
★ Step 2 プロソディ・トレーニング

プロソディ・パラレル・リーディング
↓
Step 3 テキストの意味チェック

(1) 内容理解のチェック
↓
(2) テキストの意味チェック
↓
★ Step 4 コンテンツ・トレーニング

(1) コンテンツ・パラレル・リーディング
↓
(2) 語句消去パラレル・リーディング
↓
Step 5 自己評価

(1) 練習成果の自己評価
↓
(2) 結果の記録と目標クリアの確認

担当は門田［＝門田修平］、高田［＝高田哲朗］、溝畑［＝溝畑保之］

Part 2
シャドーイング

Part 2 の各 Unit 共通の学習の流れ

学習法の解説
↓
Let's Try!
↓
英文の背景情報
↓
Step 1　リスニング
↓
音声を聞く
↓
★ Step 2 プロソディ・トレーニング

(1) マンブリング
↓
(2) プロソディ・シャドーイング
↓
Step 3 テキストの意味チェック

(1) 内容理解のチェック
↓
(2) テキストの意味チェック
↓
★ Step 4 コンテンツ・トレーニング

コンテンツ・シャドーイング
↓
Step 5　自己評価

(1) 練習成果の自己評価
↓
(2) 結果の記録と目標クリアの確認

Part3 音読

Part3の各Unit共通の学習の流れ

学習法の解説
⬇
Let's Try!
⬇
英文の背景情報
⬇
Step 1 リスニング

音声を聞く
⬇
★ Step 2 プロソディ・トレーニング

(1)プロソディ・パラレル・リーディング
⬇
(2) プロソディ音読
⬇
Step 3 テキストの意味チェック

(1) 内容理解のチェック
⬇
(2) テキストの意味チェック
⬇
★ Step 4 コンテンツ・トレーニング

(1) コンテンツ音読
⬇
(2) 語句消去音読
⬇
Step 5 自己評価

(1) 練習成果の自己評価
⬇
(2) 結果の記録と目標クリアの確認

Mini Lecture by トレーナー

CDの構成

track	内容	
01	音楽　タイトル	
02	はじめに	門田修平

Part 1

03	**Part 1　Unit 1**	有名なことばの引用 その1　Famous Quotations 1
04	**Part 1**	Mini Lecture［リズム］
05	**Part 1　Unit 2**	マザーグース　Three Little Kittens［ゆっくりめ］
06		マザーグース　Three Little Kittens［やや速め］
07	**Part 1　Unit 3**	水の恩恵　Benefits of Water
08	**Part 1**	Mini Lecture［カタカナ語と英語］
09	**Part 1　Unit 4**	ヒュー・グラント&ドリュー・バリモア

Part 2

10	**Part 2　Unit 1**	早口ことば［遅］
11		早口ことば［中］
12		早口ことば［速］
13	**Part 2　Unit 2**	世界最大の旅客機［VOAスタンダード・ニュース］
14	**Part 2　Unit 3**	雪女
15	**Part 2　Unit 4**	オバマ議員のスピーチ

Part 3

16	**Part 3　Unit 1**	有名なことばの引用 その2　Famous Quotations 2
17	**Part 3　Unit 2**	I Am a Thousand Winds
18	**Part 3　Unit 3**	幸福の王子 The Happy Prince
19	**Part 3　Unit 4**	オノ・ヨーコ、「願いごとの木」をワシントンDCに贈る［VOAスタンダード・ニュース］
20	**Part 1**	解説　高田哲朗
21	**Part 2**	解説　溝畑保之
22	**Part 3**	解説　門田修平
23	まとめ	門田修平
24	おわり　音楽	

序章

Track 02 Track 02の解説参照

リスニングとスピーキングに効くトレーニング法を探しているあなた！　パラレル・リーディングからシャドーイング、音読という3つのステップのトレーニングは合理的な正攻法。どんな効果があるのか、それはなぜか、具体的にどうすればよいのかをここで説明します。

門田修平

1. 本書の趣旨

話しことばの処理能力と書きことばの処理能力を統合

本書は、「シャドーイング（shadowing）」と「音読（oral reading）」を通じた英語習得法を提案するものです。

シャドーイングとは？

シャドーイングするときには、テキストを見ない

シャドーイングは、音声を聞いてすぐにそのまま繰り返す練習です。そうすることで、オリジナルのネイティブの発音をそのまま覚えてしまいます。こうして発音そのものをネイティブ並に鍛え、さらにそれにより英語のリスニング力をアップします。

音読とは？

文字を見ながら声に出す練習（ガイドになる音声は聞かない）

事前に、シャドーイングなどを通して、できるだけ発音をネイティブに近づけておくのがポイント

音読は、ネイティブにできるだけ近づいた発音をもとに、今度は文字を声に出して発する練習です。すなわち、発音をブラッシュアップし、その発音を文字言語の音読につなげようとするものです。

3ステップのトレーニング

しかし、多くの読者にとって、これまで同時通訳の基礎練習として行われてきたシャドーイングは、そう簡単な作業ではありません。どのような英語が話されているの

か見当が付かないという人も多いと思います。そこで、このシャドーイングの前の段階（ステップ）のトレーニングとして、本書ではパラレル・リーディングを提案しています。これは、英文を見てチェックしながら、同時に聞こえてきた音声を遅れないように繰り返す練習です。

このように、

リスニング、スピーキング、リーディング能力を同時に向上させるための理想的な3ステップ

パラレル・リーディング

↓

シャドーイング

↓

音読

と練習を積み重ねることで、
(1)音声言語の運用力をつけ
(2)その能力を文字言語に適用する
ことで、「音声（オーラル）と文字（ビジュアル）の処理能力の一体化」をはかります。

話しことばの処理能力（リスニング・スピーキング）と書きことばの理解能力（リーディング）とを統合させるのです。

話しことばの2大要素：韻律と分節音

多くの日本人は、正式には英語の学習を中学校からはじめています。その際、文字をベースに学習をスタートするケースが多

いようです。その結果、発音については実はおざなりになったままという状況も多くみられます。

英語も含めて一般に、ことばの音声は、**韻律**（**プロソディ**とも言います）と**分節音**というふたつに大きく分類できます。

①韻律とは？

韻律とは音の調子を決める要素

強勢
発音の強弱
リズム
強勢の組み合わせ
イントネーション
ピッチの変化

韻律は文全体の音の調子を決めるもので、
(a) 文中のどの部分を強く発音したり弱く発音したりするかという**強勢**（stress）
(b)強勢の組み合わせである**リズム**
(c)ピッチ（pitch：声の高さ）が文中でいかに変化するかそのパターンを示す**イントネーション**

などが中心です。

例えば、次の文はどのように発音するとよいと思いますか？　ここではひとつひとつの単語の発音は既に知っているものとします。

The hostess greeted the guest with a smile.

まず、どの単語に強勢をおいて読みますか？

一般に品詞の中でも、名詞・動詞・形容詞などを**内容語**（content words）と言い、代名詞、接続詞、冠詞、be-動詞などの**機能語**（function words）と区別しています。

・内容語が機能語よりも強く発音される

・強勢を置いた部分は同時に声の高さ（ピッチ）も上がる

(a)強勢

内容語のほうが、機能語よりも、実質的な意味内容を含んだ単語であると言えます。基本的にはこの内容語 (hostess、greeted、guest、smile) に強勢を置きます。そして、何か特別な対照をさせるような意図がないかぎり、機能語 (the、with、a) には、強勢を置きません。また、英語の場合は、この強勢を置いた部分は、声の高さ (ピッチ：pitch) もあわせて高くなります。

・英語は強勢音が等間隔に現れる

・機能語は通例速く弱い発音になる

(b)リズム

さらに強勢に関連して重要な点があります。英語は、個々の**モーラ(拍)**が一定である日本語などとは大きく異なり、**強勢型のリズム** (stress-timed rhythm) を形成しています。これは、強勢の置かれた音節 (2音節以上の単語の場合は、その中の強勢音節) が、ほぼ時間的に等しい長さで出現するということです。言い換えれば、上例のhostess、greeted、guest、smileの強勢が落ちた音節と音節の間は、その間に機能語 (前置詞や冠詞など)が入っていてもいなくても、時間的に等しいかたちで、文を発音するのです。そのためには、機能語は通例素早く、弱い発音をします。(→*p*.52、53)

The hóstess gréeted the gúest with a smíle.

O-n-na-shu-ji-n wa kya-ku ni ni-ko-ya-ka-ni a-i-sa-tsu wo shi-ta.

（女主人は客ににこやかに挨拶をした）

(c)イントネーション

高さ（ピッチ）の際だった変化は文の最後にある内容語のところで生じる

文内の声の高さ（ピッチ）の変化パターンをイントネーションと言います。このイントネーションですが、その最も際立った変化は、通例、文の最後にある内容語の部分に生じます。英語の平叙文の場合だと、イントネーションは、文末の内容語のところ（左下ではsmile）で、いったん上昇してその後急激に下降します。この上昇して下降する個所を音調核（nucleus）と呼んでいます。

上昇して下降するところを「音調核」という

例えば、He left the room without a word. や He’s going to school with us. という文だと、それぞれ word や school が、最後の内容語ですので、そこが音調核になり、そこで急速に上昇して下降するのです。

He left the room without a word.
←音調核

He’s going to school with us.
音調核

また疑問文の場合でも、文の最後の内容語の部分に音調核が生じ、そこで急激にピッチが上昇します。

Would you like another drink?
←音調核

以上が文全体をどう読むかという韻律に注目した文の標準的な発音の仕方です。

②分節音とは？

最小単位の音である母音や子音を文節音という

次に、分節音は、一定の短い単位に分解できる音声で、母音や子音に相当します。例えば、apple という語も、［ǽpl］と発音されたのでは十分に理解できないことがあります。これはひとつには、音の強弱の違いをはっきりと示す英語の発音と、個々の発音を同様の強さで発音する日本語音声［＜アップル＞］の違いが理由として考えられます。しかし、問題はそれだけではありません。

例えば、Christmas を発音するとき皆さんはいくつの音のかたまり（音節）に区切りますか？　日本語の「クリスマス」では5つの拍（モーラ）［ク・リ・ス・マ・ス］に分かれますので、それからの類推で、英語でも5つの音のかたまりがあると思ってしまいがちです。しかし、実は英語のネイティブは、この単語にふたつのかたまり（音節）［Christ-mas］しか認識していません。そのために、私たち日本人の耳には、［クリマ］といったようにとても速く発音されるように感じます。

同様にcal·en·darは、［カ・レ・ン・ダ・ー］から、let·tuceは、［レ・タ・ス］から、それぞれ5音節と3音節だと思ってしまいますが、実はそれぞれは3および2音節に分けられるのです。［キャレダ］や［レッタ］などに聞こえるかもしれません。strikeに至っては、［ス・ト・ラ・イ・ク］や［ス・ト・ラ・イ・キ］からの連想で、5つの音のかたまりがあると思ってしまいますが、実はひとつの音節しかないのです。[スィラィ] など、一瞬のうちにひとつの音声として発されます。英語の発音が非常に速く感じる人は、これが大きな要因になっているのです。

以上は、私たちが知らず知らずにうちに、日本語の発音に影響されて、英語も同じ発音だと思いこんでいることから生じています。よく「掘った芋いじるな」と日本語で発音するとうまくネイティブには通じるという笑い話があります。そこにはいろいろな発音上の事情が関係していますが、そうです、結果的には "What time is it now?" の英語発音は、上記のような日本文を発音するときの音声によく似てくるというのです。

目で文字を見たときには理解できるけれども、文字を見ないで音だけ聞くとわからい、というギャップをどう克服するか

そうすると、困ったことに、目で見たときは理解できても、英語ネイティブが発音したときはわからないということがしばしば生じます。

以下の上半分の図は、このような多くの日本人が抱える共通した問題を端的に示しています。

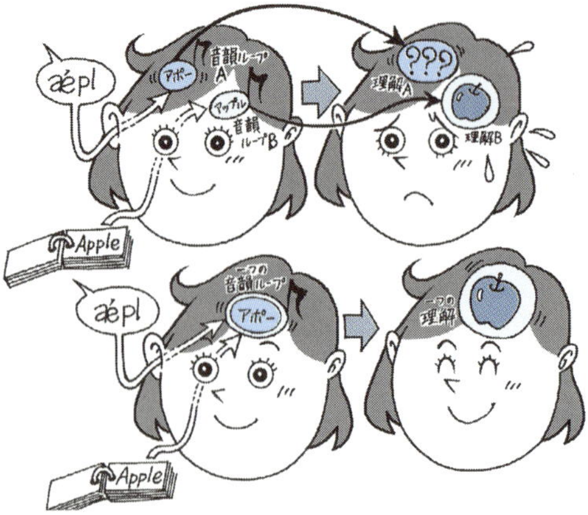

図1　聞いたときと目で見たときの単語の発音が異なる場合と一体化している場合

鍵を握るのは音声処理の自動化

文字で見た単語の発音と、同じ単語を聞いて頭の中に浮かんだ音声が、すんなりと同じものになる状態（＝自動化）にすることが重要

パラレル・リーディングとシャドーイングの意味

これらの韻律や分節音の問題は、パラレル・リーディングやシャドーイングの練習を十分に積むことで、克服できます。詳しくは、『シャドーイングと音読の科学』（コスモピア）を参照いただければありがたいですが、要は前述の練習により、音声を聞いてどのような音があるかわかるまでのプロセスが苦もなくひとりでにできてしまう（＝自動化を達成した）状態をつくりあげることが必須です。前ページの下半分のような状態、すなわち、文字で見た単語を発音して得られる内的音声と、同じ単語を聞いて内的表示した音声が「同一になる」という状態が必要なのです。

そうするとしめたもので、話しことばと書きことばの習得が、互いにプラスの影響を与えながら進んでいくようになります。「読んだり書いたりはできるのに、英語を聞いたり、話したりできない」という多くの日本人が持っていた構造的な問題を見事に克服することができるのです。

①音読の意味

現代は音声英語による発信型の英語が必要な時代だと言われます。しかし書きことばの英語も実はとても大切です。英語による作文（エッセイ・ライティング）や大量に

読む多読（エクステンシブ・リーディング）は、米国・イギリスなど海外に留学して特に必要となるスキルです。海外留学をして本当に必要な力は、実は日常的な英語会話ではありません。英語で議論するとともに、英語で大量の読書をして、アカデミック・エッセイにまとめる力です。

ただ、そのような書きことばの習得も実は、その前提となるのは話しことばの処理、つまりリスニングとスピーキング、さらには音声処理の自動化が鍵を握っていると言えます。そして、話しことばと書きことばの処理を一体化した能力として自分のものにすることが不可欠な条件なのです。

音声言語と文字言語を結びつけ心の中で操作できるようにするために「音読」はきわめて有効

この音声言語を文字言語と瞬時に結び付け、両者を統合して心の中で操作できるようになるために、音読は極めて有効な練習方法です。それによって、書かれた言語を効率よく音声化して、どのような発音にするかということが瞬時に自動化した形で実現できるようになります。

2. 本書の構成

本書は大きく、Part 1－Part 3に分かれています。

Part 1：パラレル・リーディングにウェートをおいたトレーニング
Part 2：シャドーイングにウェートをおいたトレーニング
Part 3：音読にウェートをおいたトレーニング

Part 1のパラレル・リーディング（parallel reading）は、英文テキストを見ながら、聞こえてきた同じ英語の音声を、そのまま後をついて模倣しながら繰り返す練習です。英文テキストを、英語のモデル音声を忠実にまねながら、声に出して音読する練習と言ってもよいでしょう。

Part 2のシャドーイング（shadowing）は、英語の音声を聞きながら、テキストを見ることなく、できるだけ間をおかず、即座に後について模倣して言う練習方法です。

さらに、Part 3の音読（oral reading）は、Part 1、Part 2で養った音声の繰り返し能力をもとに、今度は音声を聞くことなく、書かれた英語のテキストを自然な英語発音で声に出して読む練習です。

本書では、このようにパラレル・リーディングは、シャドーイングの前段階の練習として、また、シャドーイングは、音読の前の段階の練習として、自然に音声言語と文字言語の一体化ができるような学習順序を提案しています。

パラレル・リーディング
→音＋テキスト＋声に出す

パラレル・リーディングという言い方の代わりに、シンクロ・リーディング(synchronized reading)、テキスト付きシャドーイング(shadowing with text)と呼ぶこともあります

シャドーイングは音声のみを手がかりにして発音するシャドーイング
→音＋声に出す

音読
→テキスト＋声に出す

「シャドーイング」と「音読」の2大効用

「1.本書の趣旨」で、シャドーイング、音読の練習によって、聞こえてきた英語からどのような音があるのかを知覚したり、書かれた文字言語を音声化するプロセスが自動化されるとお話しました。そしてこれがシャドーイングや音読のトレーニングの大切な第一の効用です。これを、**シャドーイング・音読の「音声処理の自動化機能」**と呼ぶことにします。

(1)音声処理の自動化機能
音声言語と文字言語を自動的に結びつけ、心の中で操作できるようにする

しかし、シャドーイング、音読の効用は実はこれだけではありません。**英語をまるごと頭の中に入れてしまう効き目**があります。

私たちは、人や場所の名前を覚えるとき、よく心の中でその発音を何度も復唱します。それを実際に外に声にして出すことで、記憶効果はずっと上がります。また、新しい単語を覚えるときでも、単に目でみて覚えるより、何度も心の中で繰り返し、あるいは実際に声に出して繰り返します。そうすることで、単語や数語のかたまり（チャンク）、構文などをそれ全体として覚えて知識として定着させる働きがあるのです。このふたつめの効用を、**シャドーイング・音読の「言語情報内在化機能」**と呼ぶことができます。

(2)言語情報内在化機能
単語やチャンク、構文を全体として覚えて知識として定着させる働き

以上のふたつの効用について、さらに知りたい人は、門田修平（2007）『シャドーイングと音読の科学』（コスモピア刊）をぜひ参照してください。

以上をまとめると、次の図のようになります。

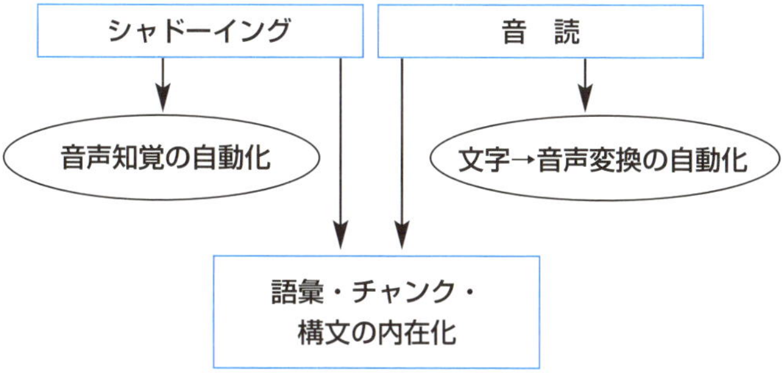

図2　シャドーイング・音読の効用

2種類の知識

ところで、一般に私たちが持っている知識（＝**長期記憶内**の記憶情報）には、
- **宣言的知識**（declarative knowledge）
- **手続き的知識**（procedural knowledge）

が区別されています。

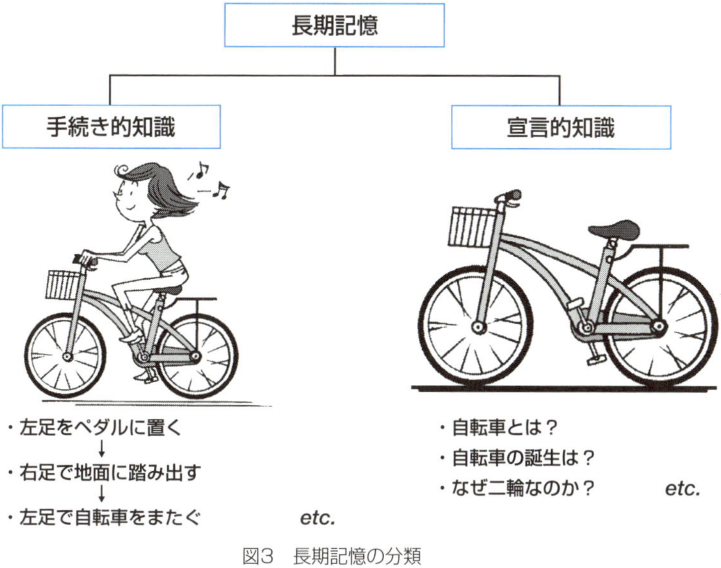

図3　長期記憶の分類

「宣言的知識」
ことばで説明ができる知識
[例]「自転車」とは？

「宣言的知識」とは、私たちが意識的に操作できる知識です。そのために、どのような知識かことばで説明ができます。例えば、「自転車」「学校」がそれぞれどのようなものであるかとか、また過去の出来事なども、それを思い出して、他の人にことばで説明することができます。

「手続き的知識」
ふだん無意識に行っていること
[例]「自転車」に乗ること

それに対して、「手続き的知識」とは、ふだん無意識のうちに行っているもので、特にその中身を意識していません。例えば、「自転車の乗ること」は、ふだんいつでも、特に考えずに自動的にできてしまいます。その中身について、言語化することは困難です。また、「左足でペダルを踏んで」、次に「左手でハンドルを持って」などとその内容を意識して乗ろうとすると、おそらく転んでしまいます。

知っているという知識のレベルから、無意識に運用できるレベルへ

実は、英語の技能においても、この**宣言的知識を手続き的知識に転換**することはとても大切です。宣言的知識を意識的に使っている段階（例えば関係詞についての文法知識を思い出しながら関係詞構文を発している状態）では、文をつくることにあまりに時間がかかってしまい、実際のコミュニケーションでは間に合いません。また、その文をつくって発することに注意を集中させた結果、意味内容の妥当性を考慮するための**心的資源**（**認知リソース**）もほとんど残されていません。ちょうど、パソコンで非常に重いソフトを使ったために、さらにソフトを立ち上げるのが遅くなったり、フリーズしそうな状態になるのと同じです。

そこで、練習を積んで、無意識な操作が

可能な手続き的知識の運用レベルにまで、言語活動を自動化させる必要があります。そうすると、認知的リソースのあまりいらない、半ば自動化した状態になり、ことばの理解や産出のための操作にそれほど注意を集中しなくてもすむようになります。

この状態では、相手の話を聞くと同時に、反論を心の中で用意したり、自分自身が発話しながらも、同時にそれに対して相手がどう感じているか観察するなどといった認知的に余裕がある（＝負荷のかからない）状態をつくりだすことができます。

音声処理の自動化
→プロソディ・トレーニング

言語情報の内在化
→コンテンツ・トレーニング

すでにお話した「音声処理の自動化」と「言語情報の内在化」を区別するという視点から、本書では、Part 1から Part 3 まで、パラレル・リーディング、シャドーイング、音読の練習は、すべて、

(1) プロソディ・トレーニング段階
(2) コンテンツ・トレーニング段階

に分けました。それぞれ次のようなコンセプトをもっています。

リズム、イントネーションなどの音声知覚の自動化が目的

(1) プロソディ・トレーニング段階

リズム・イントネーションなど韻律を中心に英語の発音の知覚の自動化のための練習を積む段階です。

それぞれ、

・プロソディ・パラレル・リーディング
・プロソディ・シャドーイング

・プロソディ音読
があります。

語彙、チャンク、文法などの言語情報を、自動化するのが目的

(2) コンテンツ・トレーニング段階

意味内容について考えながら、その英文をある程度記憶するくらいまで練習する段階です。それぞれ、

・コンテンツ・パラレル・リーディング
・コンテンツ・シャドーイング
・コンテンツ音読
があります。

この(2)の段階では、「宣言的知識」から「手続き知識」への移行をめざして、何度も何度も繰り返し練習することが大切です。手続き的知識にもとづいて、パラレル・リーディングやシャドーイング、音読のそれぞれが、ある程度、無意識化、自動化されると、そのぶんだけ発話する英文の意味内容に注目し、いかに人に伝えたら効果的か、などに注意を向けることができるようになります。

3. 本書における学習法

では次に、パラレル・リーディング、シャドーイング、音読について、その学習法の基本を記しておきます。本書の学習ステップもこれらの5つのステップをもとにしています。

ステップ① リスニング（Listening）

まずは英文テキストを聞く段階です。ここでは、意味をとらえながらも、特にプロソディ（韻律）に注意して聞きます。パラレル・リーディング、シャドーイング、音読のいずれの練習でも、韻律に注目しながらまず聞くことは、その前提です。

まずは、韻律に注目しながら聞くことがすべての練習の前提

本書では、インタビューから、ニュース、詩、本の朗読などさまざまな音声素材が用意されています。1回聞いただけで難なく英文の意味が理解できる人もいるでしょうが、多くの人は1回聞いただけでは意味がよくわからないと思うことでしょう。仮に意味が聞いただけではわからなくても全然気にしないでください。1回聞いてもわからないからこそ、パラレル・リーディングからシャドーイングと練習を積んでいくわけですから、決して落ち込んだりする必要はありません。

1回聞いても意味がわからないのは当たり前！
だからトレーニングする

ステップ② プロソディ・トレーニング (Prosody Training)

これは、プロソディを意識して練習する段階です。すなわち、プロソディ・パラレル・リーディング、プロソディ・シャドーイングおよびプロソディ音読をする段階です。

・プロソディ・パラレル・リーディング

プロソディ・パラレル・リーディングでは、テキストを見ながらも、音声のリズムイントネーションをそのまま真似るように練習します。

・プロソディ・シャドーイング

また、プロソディ・シャドーイングでも同様に、オリジナル音声の韻律をそのまま再生するようにします。

・プロソディ音読

さらに、プロソディ音読では、上記のステップ①で注目した韻律を特に意識しながら、声に出して英文を発するようにします。

ここでちょっと一言。上記の①のステップのリスニングで意味がとれないときは、このステップ②に入る前に、日本語訳をみたいと思われるかもしれません。

しかし、ちょっと待って、もう少し辛抱をして、パラレル・リーディング、シャドーイング、音読をしてみてください。意味内容の正確な理解よりも、**韻律音の知覚や再生ができるようになることが主要な目的**です。できるだけこのことは守ってください。

ステップ③ テキストの意味チェック (Comprehension Check)

ここでいよいよ英文の意味内容をチェックする段階です。内容に関するクイズや設問があればそれに答えます。そして、解答のチェックをして、その後で単語の注釈などを参考にしながら、英文の意味内容を理解しようとします。全文和訳もありますが、これは最初から見ないで、ご自分で英文を読んで、どうしてもわからない個所について和訳を参照するようにしましょう。

訳はどうしても意味のわからないところだけをチェックすること

ステップ④ コンテンツ・トレーニング (Contents Training)

今度は、英文の意味内容に注目したトレーニング段階です。すなわち、コンテンツ・パラレル・リーディング、コンテンツ・シャドーイング、コンテンツ音読を行います。

ステップ②のパラレル・リーディングでは、韻律音などに意識的に注意を向けてパラレル・リーディングをしました。ここでのコンテンツ・パラレル・リーディングでは、内容を意識した形で実施します。特に、できるだけ話し手の感情をまねするようにして、内容を誰か別の人に聞かせる気持ちで、行ってみてください。

コンテンツ・パラレル・リーディング
話し手の感情をまね、内容を別の人に聞かせるように
→オーラル・インタープリテーション

このように感情を込めて聞き手に朗読する手法をオーラル・インタープリテーション（oral interpretation）と呼んでいます。そうすることで、英語を学習する際に、それがより身近に感じられるようになります。

また、コンテンツ・シャドーイングや、コンテンツ音読でも同様に、目の前に聞き手を想定して、また実際に家族、友だちなどに感動を与えるように感情を込めて実施します。また、誰かに聞いてもらう代わり

コンテンツ・シャドーイング
コンテンツ音読

に、マイクを通してテープなどに録音し、後で自分で確認するのも非常にいいと思います。

以上の練習はできるだけ何度も繰り返してください。そうすることで、発音もあまり意識しなくても、自分自身無意識のうちに、パラレル・リーディング、シャドーイング、音読ができるようになってきます。

特に音読については、毎回の読みの時間を測定して、1分あたりの読速度の推移を記録していくとよいでしょう。

繰り返しによる無意識化

このような繰り返しによる無意識化がPart 2でも述べた、「宣言的知識」から「手続き的知識」に移行するということの中身です。言い換えると、英語の音声の処理が徐々に自動化の方向に向かっていくのです。このように、英語の音声処理の自動化が進むと、英文が自分のものに変わってきます。

また、ある程度の自動化が進んできた段階では、パラレル・リーディングと音読については、テキスト中の一部の語や語句を見えないようにしておき、その上で練習を積むのも効果的です。

例えば、カラーシートを使うとか（本書でもこれを採用しています）、単にエンピツを1本ないし2本用意して、それをテキストの上に置いてもよいでしょう。これは、一部の英語は見なくても、スラスラと英文が口をついて出てくることを目的にしたものです。ただ、テキスト全文を完全に覚えこもうとする必要は必ずしもありません。

さらに、シャドーイングについては、応用練習として、わざと少し（0.5秒から1秒以

ディレイド・シャドーイング

内）遅らせながら、行うという方法もあります。これをディレイド・シャドーイング（delayed shadowing）と言います。実はこれは試してみると、とても難しいことがわかります。ただ、プロの通訳を目指す訓練ではよくとり入れられています。

read and look up

もうひとつ、音読については、read and look upという手法もあります。まず英文テキストに、あらかじめ句や節、短い文なら文単位で、斜線（slash）を引いておきます。その上で、その引いた斜線から次の斜線までの間を声に出さずにまず黙読して、いったん記憶します。そうして、顔を上げ（テキストから目をそらし）、記憶した英文を言う練習です。これを英文テキストの最後まで繰り返します。これは、英文テキストをある程度見なくても言えるようになる練習です。

ステップ⑤ 自己評価（Self-evaluation）

自己評価はとても重要です。練習を積んでいるときの印象だけで、自分の評価を客観的に行うことはとても困難です。誰か家族の人に聞いてもらったり、友だち同士練習して聞いてもらうなど、自分以外の人に評価してもらうのもひとつの方法です。しかし、もっとよいのは、自分のパラレル・リーディング、シャドーイング、音読をそのまま録音することです。テープ、MPプレーヤーに録音したり、パソコンを持っている人なら、パソコンに簡単なマイクを差し込んで、標準で搭載されている音声録音ソフト（サウンドレコーダーなど）を使うのをおすすめします。そして、トレーニングと同時に自身の耳で聞いていたときと、実際の録音したときのでき映えがどう違うか検討します。

しかし、上記のいずれの方法も困難な場合もあるでしょう。そのときでも、自身のでき具合を客観的にみる目を持つように心がけましょう。これは一種の自己の学習に関する**メタ認知**（自分自身の学習活動を客観的にモニターし観察する眼）の形成に役立ちます。あとでまた触れますが、本書では、この自己評価（自己採点）がとても重要だと考えています。

メタ認知
自分自身の学習活動を客観的にモニターして観察する眼

自己評価したものは、できるだけその結果を記録するようにします。本書では、各Unitの最後にチェック表とレーダー・チャートが用意されています。また、巻末にも表およびグラフで記入するようになっています。そうすると、どのポイントが最も得意な点で、どれが最も不得意か、また全体のバランスはとれているかといったことが一目瞭然です。

このように結果の記録を各ユニットごとに実施して、伸長度を検討することで、パラレル・リーディングから音読までそれぞれのユニットの学習がどれだけ達成できたか確認しつつ先に進んで行けます。できるだけ実行するようにしましょう。

Mini Lecture by トレーナー

本書では、各 Unit に、英語のリスニングやスピーキングの学習にポイントとなる情報を、トレーナーが解説しています。できるだけ学習者としての皆さんに役立つ情報を提供しようとしました。各ユニットに収録されている「 Mini Lecture by トレーナー」のテーマは次の通りです。

Part 1

Unit 1
テーマ：英語のリズムはどんなリズム？

Unit 2
テーマ：英語の綴りと発音の関係は？

Unit 3
テーマ：外来語の発音は英語ではどうなるの？

Unit 4
テーマ：英語の母音の発音についての注意点は？

Part 2

Unit 1
テーマ：英語の子音にはどんなものがあるの？

Unit 2
テーマ：音声変化：リエゾン、リダクシンって何？

Unit 3
テーマ：声に感情をのせて読むには？

Unit 4

テーマ：説得力をもった演説の方法は？

Part3

Unit 1

テーマ：英語の発声法とは？

Unit 2

テーマ：ポーズはどのように配置したらいいの？　チャンクって何？

Unit 3

テーマ：状況の違いからイントネーションは変わるの？

Unit 4

テーマ：状況設定を変えて音読してみると？

4. 自己評価について

本書では、Part 1 から Part 3 の各 Unit ごとに、みなさんのパラレル・リーディング、シャドーイング、音読の伸長度を自己評価できるシステムを採用しています。そこでは、次の5つのチェックポイントがあります。

(1)リズム

先に文の中で強く発音される音節と次に強く発音される音節が、ほぼ時間的に等しい間隔で生じる傾向が英語にはあると指摘しました。そして、それらの強勢と強勢の間隔は、たとえその他の弱音節語が入っていても、入っていなくても、**一定の時間間隔**で発音されるのです。

強弱のリズムに関わる評価

この強・弱音節の繰り返しによる英語のリズムも、それがうまくできるかどうかについて、5段階の評価をします。すなわち、ネイティブ並みの強弱リズムができている状態から、強弱の変化の乏しい、すべての音節を同じような強さで発音してしまう日本語的なリズムの5段階に評価するのです。

5. まったくネイティブ並み
4. ほとんどネイティブ並み
3. 少し不自然
2. かなり日本語的
1. まったく日本語同様

の5段階に評価します。

(2) イントネーション

ピッチ（音の高さ）の高低についての評価

ピッチ（音の高さ）の高低の変化、すなわちイントネーションについての評価です。

次のふたつの図のうち、図4は、『決定版英語シャドーイング』コスモピア（門田修平・玉井健著）における Stage 2 / Unit 2 のテキストの出だしの文（Most of Japan has mild weather, because it is near the ocean.）を、英語母語話者（女性）が1分間130 語のスピード（CD Track 12）でシャドーイングした際の発話音声が、どのようなイントネーションを描いているかについて、ピッチ（基本周波数Hz）の変化曲線を、音声分析ソフトを利用して表示したものです。

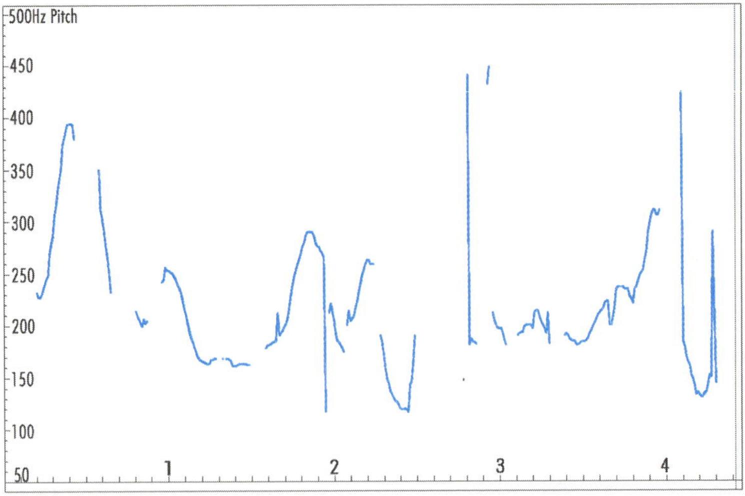

図4　英語母語話者（女性）によるオリジナル音声におけるピッチの変化

また、図5は、図4のオリジナル音声を聞きながらシャドーイングした日本人英語学習者（大学生・女性）のピッチ変化です。

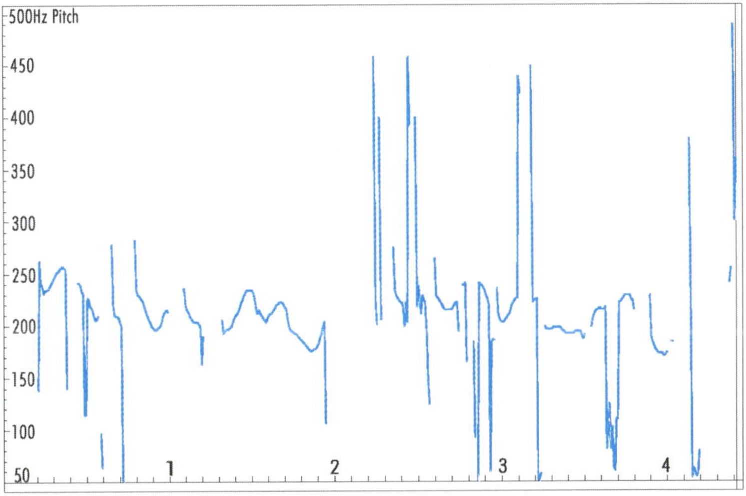

図5　日本人英語学習者（女性）によるオリジナル音声におけるピッチの変化

母語話者と同じくらいスピードで復唱することは、練習によって可能になる

以上のふたつの図から、次のことがわかります。すなわち、**発話時間**については、オリジナル音声でも、日本人英語学習者によるシャドーイング音声でも、さほど大差はありません。元のオリジナルの音声に対して、うまくシャドーイングができない場合は、発話時間はかなり長くなりますが、少し練習を積めば、英語母語話者の発話時間と同じ程度のスピードで復唱することはすぐに可能になります。

ピッチの変化に乏しいことは日本人英語の弱点

しかし、ピッチ(基本周波数)の変化のほうは、オリジナル音声のほうでは、ほぼ120Hz—394Hzの間隔で推移し、most ofの部分や、the oceanなどの部分で、ピッチが大きく上昇し、一定のピッチ曲線を描いていることがわかります。それに対して、日本人英語学習者の場合には、ほぼ166Hz—260Hzの狭い周波数帯で推移し、かなり平坦なピッチ曲線を形成していることがわかります。

このようなピッチの変化に乏しいことが日本人の話す英語の特徴で、発話スピードがオリジナルの音声と変わらない状態になっても、イントネーションの変化までうまくつけた形でシャドーイングをするのはすぐには難しいことを示しています。やはり繰り返し練習する必要が特にイントネーションについてはあります。

この英語の高低の変化、イントネーションも、それについて5段階の評価をします。すなわち、ネイティブ並みの高低の変化がついた状態から、平板で高低変化のない発音をしてしまう日本語的イントネーションの5段階に評価しましょう。

5. まったくネイティブ並み
4. ほとんどネイティブ並み
3. 少し変化に乏しい
2. かなり平板
1. まったく日本語同様

(3)英文再生率

間違わずに復唱できたか

これは、パラレル・リーディング、シャドーイング、音読において、どれだけ正確に間違わずに、音声の復唱や音読ができたかという割合です。

5. 100%
4. ほぼ再生できた
3. かなり再生できた
2. あまり再生できなかった
1. ほとんど再生できなかった

(4)スピード

どれだけ遅れずに復唱できたか

これは、パラレル・リーディング、シャドーイングではCDのオリジナルの音声にどれだけ遅れずに繰り返しができているかを評価するものです。

5. まったく遅れなかった
4. ほとんど遅れなかった
3. 多少遅れた
2. 遅れた
1. ついていけなかった

また、音読では、直接の比較はできませんが、モデル音声のスピードとの差がどの程度であるかにについて、主観的でもやはり5段階に評価してみましょう。

5. ほとんど同じスピード
4. ほんの少し遅れ気味
3. 少し遅れ気味
2. 遅れ気味
1. かなり遅れた

(5)わかりやすさ

相手にどれだけ伝わったか

これは、これまでの(1) ~ (4)を加味し，総合的なわかりやすさ、すなわち相手にどれだけ伝わっていると考えるかという伝達の成功度です。

5. 100%伝わると思う
4. ほぼ伝わると思う
3. かなり伝わると思う
2. 半分は伝わると思う
1. あまり伝わらないと思う

自己採点においては、以上の(1)-(5)について、厳密な形で比較することは難しいのですが、可能であれば、テープ、MPプレーヤー、パソコン等に録音して、一定の基準を自分なりに確立してください。そして、一段階ずつでも着実にチェックしつつ進んでいきましょう。各Unit末の評価表およびレダーチャートに記入し、さらに巻末の表・グラフに記入することで伸長度を自己チェックします。

5. 本書のトレーニングで効果を上げるための留意点

最後に、実際に効果的なトレーニングを行うための留意点を6つ挙げてみましょう。

その1　音声処理の自動化をめざして、繰り返し練習すること

パラレル・リーディング、シャドーイング、音読のいずれも、最初は発音（韻律音・分節音）をとても意識することになります。意識しないで、少しでも英語らしい発音を出すのは不可能だからです。したがってとても疲れます。でもめげずに発音それ自体から意味内容に注意を向けるようにして練習を続けてください。きっと楽に、自動的に実行できる状態がやってきます。

その2　最初は特に韻律（プロソディ）に注意したプロソディ・パラレル・リーディング、プロソディ・シャドーイング、プロソディ・音読をこころがけること

リズム、イントネーションなどの変化のほうが、個々の母音・子音といった分節音よりも、文の意味理解に大きく影響することがわかっています。日本語の拍（モーラ）で切るという習性から脱却することを、決してあきらめないでください。

英語の音節をもとにした区切り方を再現するようにパラレル・リーディングやシャドーイングを繰り返し練習をすることで、音声補助のない音読でもそれらが生かされるようになります。

その3　自分のレベルに合った英語音声素材を選ぶこと

これは本書を離れて練習する際の注意点になりますが、英文の難易度、発話速度など自分自身の能力で十分に、パラレル・リーディング、

シャドーイング、音読が可能な素材を選ぶことが重要です。

本書でも、発話音声のスピードについては、110wpmくらいのものから、180wpmくらいのものまでかなりのバリエーションを持たせています。特に、シャドーイングの場合、決して難しすぎないものを選ぶことが必要です。シャドーイングが何とかできたという成功体験を積むことによって自信と続けていこうという意欲が生まれます。

その4 興味のある内容をもった素材を選ぶこと

これも本書以外の音声素材で練習する場合の注意点ですが、実は、これが一番重要かもしれません。まったく面白くないものでは、パラレル・リーディングやシャドーイング、音読の練習をやってもあまりピンと感じないものです。自分自身にとって面白いテキストを選ぶことは必須とも言えます。

その5 あまりストレスをためずに気楽にやること

これは特に真面目すぎる方に言えることかもしれません。あまりストレスをためないように、また過度に緊張したり不安がったりしないように、気楽に実行することが肝要です。

その6 録音によるフィードバックをきちんとすること

これもできるだけ実行することです。みずから自分自身のパラレル・リーディング、シャドーイング、音読のでき具合をチェックし、自己採点をしましょう。

以上でだいたい本書の構成や趣旨、学習方法の要点がわかりましたでしょうか。それでは、Part 1 に入っていきましょう。英語をモノにするためがんばってください。

Part 1

Track 19 Track 19の解説参照

パラレル・リーディング

テキストを見ながら、聞こえてきたままの音声をそのまま真似て繰り返します。シャドーイングの土台になるトレーニングです。

Part 1
「パラレル・リーディング」の学習のポイント

Part 1の各Unit共通の学習の流れ

学習法の解説 (Way of Approach)
⬇
Let's Try!
⬇
英文の背景情報 (Background Information)
⬇
Step 1 リスニング
音声を聞く (Listening)
⬇
★ Step2 プロソディ・トレーニング
プロソディ・パラレル・リーディング (Prosody Parallel Reading)
⬇
Step 3 テキストの意味チェック
(1) 内容理解のチェック (Comprehension Check)
⬇
(2) テキストの意味チェック (Meaning Check)
⬇
★ Step4 コンテンツ・トレーニング
(1) コンテンツ・パラレル・リーディング (Contents Parallel Reading)
⬇
(2) 語句消去パラレル・リーディング (Parallel Reading with Blanks)
⬇
Step 5 自己評価
(1) 練習成果の自己評価 (Self-evaluation)
⬇
(2) 結果の記録と目標クリアの確認 (Record of Result and Check)

Track 19 の解説参照

パラレル・リーディングはシャドーイングの土台

Part 1「パラレル・リーディング」の練習は、続く Part 2「シャドーイング」および 3「音読」の土台となる練習です。シャドーイングは音読の質を高める、シャドーイングができるようになるためにパラレル・リーディングをすると位置付けます。

まずは、Let's Try! で、テキストを見ながら、聞こえてきた英語の音声を、同時にそのまま模倣しながら繰り返します。初見の英文でのこの作業はむずかしく、完全にできなくて当然です。むしろ、弱点を把握し、目標を持つようにします。ユニット末尾のレーダーチャートで、(1)リズム、(2)イントネーション、(3)英文再生率、(4)スピード、(5)わかりやすさ、の出来具合を記録します。

Step 1 のリスニングに入る前に英文の背景情報を読み、リスニングの準備を行い、Step 1 での理解度を深められるようにします。

Step1では、ポーズのある位置、早く処理している個所、強調している個所に注意し、リズム・イントネーションなどプロソディ（韻律）の感覚を鋭くしておきます。

Step 2 のプロソディ・トレーニングでは、ネイティブになりきりましょう。日本語の音声を排除し、モデル音声を忠実に再生することに集中してください。

Step 3 では、設問に答え、注釈や和訳を参考にし、英文の内容理解を深めます。上級者は、わからない部分のみでも結構です。

Step4では、意味内容を誰かに伝えることを意識し練習します。うまくいかない場合は、音声処理が自動化していないか、意味理解が不足しています。Step 2、3 に戻りましょう。段階をさかのぼり繰り返し練習を重ねます。上達し自信がついたら、カラーシートを使って、ブランクの部分を補えるか試してみましょう。

トレーニングがしっかりできれば上達が確認できるはずです。Step 5 で再度自己評価し、練習の成果を確認します。

それでは Part 1「パラレル・リーディング」のトレーニングをはじめましょう。

Unit 1

有名なことばの引用　その1

Famous Quotations

トレーニングのスタートは、短いながらもキラリと光る名言の引用から。リラックスしてはじめましょう。

学習法の解説（Way of Approach）

パラレル・リーディング（→*p*.19）のトレーニングを有名な人物の名言からはじめます。トレーニングの最初の目標としては、短いもので確実にできることを目指しましょう。カタカナ読みではなく、英語らしい音とリズムを自分のものとして身につけましょう。できれば、暗唱までもっていき、ちょっとした話のネタとして、または自分がスピーチをするときに自由に活用できるといいですね。

Let's Try!

Track 03

さあ、いよいよパラレル・リーディングに挑戦です。テキストを見ながら、CDとほぼ同時に声に出して読んでみましょう。出だしが肝心です。遅れないように集中してください。できないところは、小さい声でぶつぶつ言うマンブリング（→*p*.95）で乗り切りましょう。できれば自分の音声を録音してみると自己採点をするときに効果的です。

余裕のある方は、*p*.33～の自己評価の基準に基づき、1回目のパラレル・リーディングを自分で評価し、レーダーチャート（→*p*.56）に採点を記録してみましょう。最終的な採点と比較するために、色を変えておくとよいでしょう。そこで気づいた弱点の克服を、このユニットでの重点目標にするとより効果的なトレーニングができます。トレーニングの後に再度評価し、成果を確認してみてください。

The best and most beautiful things in the world
cannot be seen or even touched.
They must be felt with the heart.

___ Helen Keller

Mankind must put an end to war,
or war will put an end to mankind.

___ John F. Kennedy

Genius is one percent inspiration
and ninety-nine percent perspiration.

___ Thomas Edison

The more I learn,
the more I realize I don't know.
The more I realize I don't know,
the more I want to learn.

___ Albert Einstein

We ourselves feel that
what we are doing is just a drop in the ocean.
But the ocean would be less
because of that missing drop.

___ Mother Teresa

英文の背景情報
（Background Information）

ヘレン・ケラー Helen Keller

生後19カ月で熱病のため視覚と聴覚を失い、話すこともできないという三重苦を背負ったヘレン・ケラー。しかし、6歳のときに家庭教師となったアン・サリバンのおかげでことばに目覚め、大学を優秀な成績で卒業し、多くの人に勇気を与えました。このヘレン・ケラーのことばをハートで感じることができましたか。

ジョン・F・ケネディ John F. Kennedy

ふたつ目は、テキサス州ダラスでパレード中に暗殺され多くの人に惜しまれた第35代アメリカ大統領 ジョン F. ケネディ の戦争に対する考えがわかる発言でした。

キューバ危機（62年10月）に当時ソ連のフルシチョフ書記長と必死の外交努力をして、第3次世界大戦勃発の危機を回避しました。本当に大変なことになるところでしたね。

トーマス・エジソン Thomas Edison

次は、あまりに有名なあのアメリカの発明家エジソンのことばでした。あらゆるものに興味を持ち、電灯、蓄音機、映画をはじめ多くの発明を残した天才が天才について語るみなさんご存じの名言です。パラレル・リーディングも汗をかくほどの努力が必要ですね。

アルバート・アインシュタイン Albert Einstein

天才と言えば、しばしばその例としてひきあいに出されるドイツ出身の理論物理学者アインシュタインが思い出されます。相対性理論をはじめとする多くの業績のほか、特異な風貌やユーモアあふれる言動によって、専門分野を超え世界中に広く知られていますね。彼の「学び」に関することばでのパラレル・リーディングはいかがでしたか。

THOMAS A. EDISON © GLOBE PHOTOS/NANA通信社　ALBERT EINSTEIN © GLOBE PHOTOS/NANA通信社

マザー・テレサ　Mother Teresa

最後に、生涯人々を愛し続け、多くの貧しい人を救い、1979年、69歳でノーベル平和賞を受賞したマザー・テレサにご登場願いました。

受賞したときも「私は受賞に値しないが、世界の最も貧しい人々に代わって賞を受けました」という謙虚な姿勢を貫いた彼女が、ひとりひとりのできることについて語ったものです。ひと粒の水が海を作っているように努力を重ねたいものです。

Step 1 リスニング

音声を聞く（Listening）

Track 03

次のプロソディ・トレーニングに備えて、英語の音声の特徴をとらえることに注意してリスニングをしましょう。どこが強くなっていますか。イントネーションはどうなっていますか。意味理解は、背景知識をフルに活用して、それぞれの名言の内容をとらえてみましょう。どこかで聞いた名言なので、何も見ずにおおまかな内容をとらえるようにしてみましょう。

MOTHER TERESA © GLOBE PHOTOS/NANA通信社

Step 2 プロソディ・トレーニング

プロソディ・パラレル・リーディング (Prosody Parallel Reading)

Track 03

いよいよトレーニングに入ります。*p*.45のテキストを見ながら音源を聞き、その音源に少し遅れる程度で声に出していきます。

まずは、Let's try! でできなかったところ、リスニングでわからなかったところを重点的に取り組むようにします。あくまでも文字は補助であることを忘れずに、イントネーションと音の強弱に注意して、そのままの音声を取り込むほうに重点を置いてください。

テキストにピッチの上がり下がりや、音のつながりをメモしてみましょう。イントネーションや強弱をそっくりそのまま真似し、音の再現が自動化できるまで繰り返してみましょう。声に出して読むと、多くの名言はリズムがよいことが実感できますね。

マイク付のヘッドセットを使えば、自分の声が邪魔にならずに音声に集中でき、同時に録音もできるのでいいですね。

Step 3 テキストの意味チェック

①内容理解のチェック
(Comprehension Check)

それぞれの人物の名言に合うイラストを選びましょう。

(→解答は*p*.212)

① Helen Keller [ ]　② John F. Kennedy [ ]
③ Thomas Edison [ ]　④ Albert Einstein [ ]
⑤ Mother Teresa [ ]

A

B

C

D

E

②テキストの意味チェック (Meaning Check)

Track 03

リスニングで不確かだったところを訳例で確認しましょう。

The best and most beautiful things in the world
cannot be seen or even touched. They must be felt with the heart.

___ Helen Keller

この世で最善で最も美しいものは見ることも触ることさえもできない。それは心で感じなければならない。 ヘレン・ケラー

Mankind must put an end to war,
or war will put an end to mankind.

___ John F. Kennedy

人類は戦争を終わらせなければならない。さもないと戦争が人類を終わりにさせてしまうだろう。 ジョン・F・ケネディ

Genius is one percent inspiration
and ninety-nine percent perspiration.

___ Thomas Edison

天才とは、1%のひらめきと99%の汗である。 トーマス・エジソン

The more I learn,
the more I realize I don't know.
The more I realize I don't know,
the more I want to learn.

___ Albert Einstein

学べば学ぶほど私は何も知らないことがわかる。自分が無知だと知れば知るほど、私はいっそう学びたくなる。 アルバート・アインシュタイン

We ourselves feel that what we are doing is just a drop in the ocean.
But the ocean would be less because of that missing drop.

___ Mother Teresa

私たちがやっていることは、大海の中の一滴にすぎないと私たち自身も感じています。でも、もしその一滴がなくなったら、その一滴の分、海の水は減ってしまうのです。 マザー・テレサ

Mini Lecture by トレーナー

今回のテーマ

英語のリズムはどんなリズム？

日本語の発話では、すべての音が同じ強さで、またその時間もほぼ同じような形で発話されます。英語の発話では、強く読むところと弱く読むところがあります。カタカナになった英語でその違いをくらべてみましょう。

●強いところ　○弱いところ　　Track 04

●　●	●　○
コーヒー	cof-fee
●●　●	○　●
カセット	cas-sette
●●●●　●	○　○　●
ボランティア	vol-un-teer
●●●●●	○　○　●
エンジニア	en-gi-neer
●●●　●	○　●　○
コンピュータ	com-pu-ter

日本語の音節の並び

英語の音節の並び

日本語はすべての音が同じ強さですが、英語は強弱の組み合わせがあります。英語のリズムを大切にしましょう。

カタカナを声に出すのと英語で発音する違いがおわかりになったと思います。英語のネイティブ・スピーカーが日本語を話すときにおかしな感じになるのは、英語の強弱のリズムを日本語に持ち込むためです。

単語だけでなく文となっても英語のリズムはこの音節の強弱強弱の繰り返しによって成り立ちます。日本語ではすべての音（拍、モーラ）が同じ強さ長さで連続するリズムで、これをモーラ型（mora-timed）というのに対して、英語は強勢（stress-timed）型のリズムを持っています。

syllable-timed		stressed-timed
● ● ●● ● Wa-ga-ha- i - ha	● ● ● ● ● ne-ko-de- a - ru	●○ ○ ● I am a cat.

我が輩は猫である

さらに、英語のリズムでは、強い部分が同じ間隔で繰り返されることが多くなります。強い部分●の間にいくつ弱い部分○があっても強い部分は一定の間隔で発話されます。

次の3文を比べてみましょう。単語数が増えても3文は同じ長さで発話されます。

○ ●	●	○ ○ ●
1. The ***boys***	***camp***	at the ***beach***.
2. The ***boys***	are ***camp***ing	at the ***beach***.
3. The ***boys***	have been ***camp***ing	at the ***beach***.
○ ●	○ ○ ● ○	○ ○ ●

弱い部分が加わっても

強い音は同じ間隔で繰り返される

指で一定のリズムを刻み、強い部分が同じ間隔で言えるかな？

Step 4 コンテンツ・トレーニング

①コンテンツ・パラレル・リーディング
（Contents Parallel Reading）

Track 03

プロソディ・トレーニングで自動化がうまくいくようになったら、今度は、仕上げとして意味に重点をおくコンテンツ・パラレル・リーディングにトライしましょう。テキストを見て、CDについていきながら、イントネーションや強弱をそっくりそのまま真似するところから、意識を内容に移します。背景知識を十分に生かし、特に強調すべきキーワードはそのイメージを音声で表現するように心がけるとうまくいきます。人物になりきって、伝えたいメッセージを気合いを込めて伝えるようにしてみましょう。慣れてきたところで、パラレル・リーディングをしてみてください。うまくいかない個所は、自動化ができていないか、意味がよく理解できていない個所です。プロソディ・パラレル・リーディングに戻るか、テキストの意味チェックに戻ってください。

②語句消去パラレル・リーディング
（Parallel Reading with Blanks）

Track 03

すべてのテキストの暗唱は無理でも、カラーシートを利用して、キーワードの再現に挑戦してみましょう。気に入ったものは思い切って暗唱に挑戦してみてはどうでしょうか。話のネタとして使えたり、スピーチで活用ができますね。

Step 5 自己評価

①練習成果に対する自己評価（Self-evaluation）

納得のいくところまで練習したら、できれば録音をして、これまでの練習の成果を自己評価してみましょう。*p*.33〜で解説した5つの項目ごとにそれぞれ1〜5の5段階で評価して、○を付けてください。英文再生率は練習を繰り返して高まっていますし、リズム、イントネーション、スピードはプロソディ・トレーニングの効果が現れているはずです。コンテンツ・トレーニングで、わかりやすさの項目の点数も高くなっていますよ。

②結果の記録と目標クリアの確認（Record of Result and Check）

どうでしたか？　自己目標の達成ができましたか。学校では先生やCDの後について音読することが多かったと思いますが、この方法でやるとネイティブの音を真似るコツがわかってきますね。息づかいやイントネーションをそのまま吸収していきましょう。少しずつ段階を踏んで、テキストを見ずに音声だけを聞いて行うシャドーイングにまで高めていきましょう。

最後に、自己採点結果を*p*.218〜220の一覧表とグラフに記入しておきましょう。

現在の自分の課題は何かをしっかりつかんだら、次のユニットに進んでください。

トレーニングの記録

(1) リズム
5. まったくネイティブ並み　4. ほとんどネイティブ並み　3. 少し不自然
2. かなり日本語的　1. まったく日本語同様

(2) イントネーション(ピッチ、すなわち声の高さの変化)
5. まったくネイティブ並み　4. ほとんどネイティブ並み　3. 少し変化に乏しい
2. かなり平板　1. まったく日本語同様

(3) 英文再生率(どれだけ正確に間違わずに、復唱ができたかの目安)
5. 100%　4. ほぼ再生できた　3. かなり再生できた　2. 半分くらい再生できた
1. あまり再生できなかった

(4) スピード
5. まったく遅れなかった　4. ほとんど遅れなかった　3. 多少遅れた　2. 遅れた
1. ついていけなかった

(5) わかりやすさ((1)～(4)を加味した，総合的なわかりやすさ「伝達度」)
5. 100%伝わると思う　4. ほぼ伝わると思う　3. かなり伝わると思う
2. 半分くらいは伝わると思う　1. あまり伝わらないと思う

○を付けた数字を下のレーダーチャートに記録しておきましょう。

自己評価

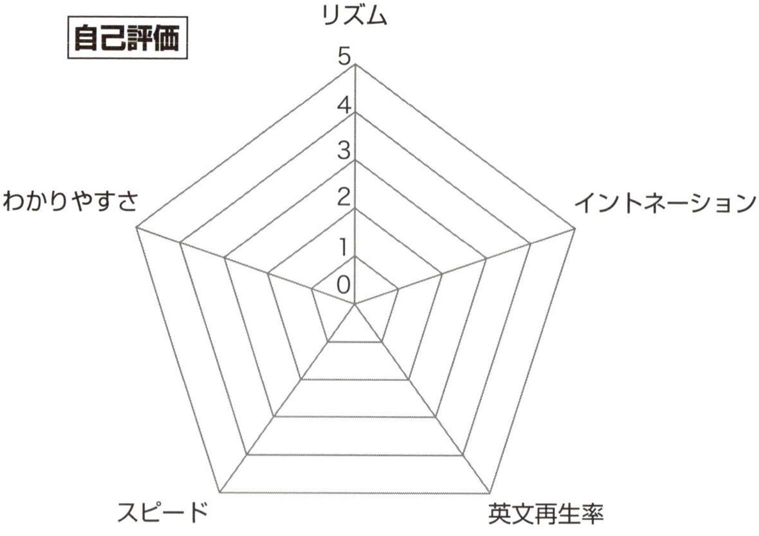

column 01　役立つサイト案内

イギリス英語を学びたい人へ

Listen to English - Learn English

http://carterandrigby.mypodcasts.net/

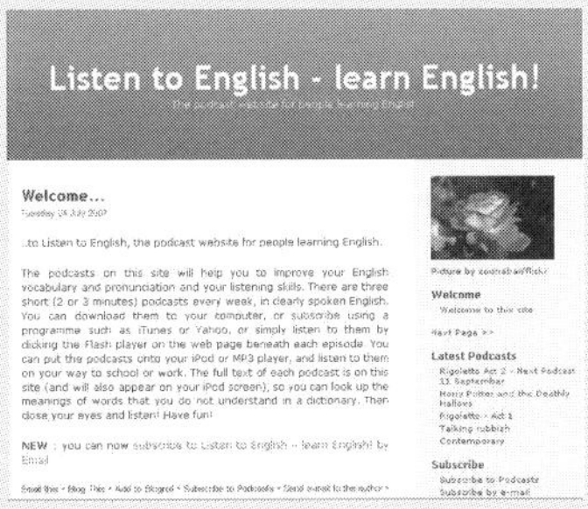

この本では音声のモデルにアメリカ英語を用いていますが、イギリス英語も勉強したいという方には、このサイトがオススメです。比較的ゆっくりした速度ではっきりと話されるので、イギリス英語に慣れていない方でも聞きやすいでしょう。また内容も、取り上げられているテーマが多岐にわたっているので、飽きることがないでしょう。音声はテキストの下の Download MP3 をクリックすれば聞けるようになっています。ポッドキャスト番組としても配信されているので、そちらで利用することもできます。

このサイトがすばらしいのは、単にテキスト付きで音声が聞けるだけでなく、テキストを教材としていろいろな角度から英語力を伸ばすことができるように工夫されたサイトになっている点です。たとえば、内容理解の確認ができる Exercises や New interactive exercises、文法や語彙が学べる Grammar and Vocabulary Notes などが用意されているのです。

利用法：

1. とりあえず聞いてみてください。どれくらい内容がわかりますか。
2. サイトに掲載されているテキストを見ながらもう一度聞いてみてください。
3. サイトのテキストを読みながら内容を確認してください。なお、テキスト中で、むずかしい語彙は青色で表示されています。その部分をクリックすると辞書(Cambridge Advanced Learner's Dictionary)にジャンプするようになっており、英英辞典の定義を確認することができるのです。赤色で表示された語句をクリックすると、写真などの資料にジャンプできます。これらを活用しながら楽しく意味確認ができるでしょう。もちろん、内容確認には、上で紹介した Exercises などを利用してもよいでしょう。
4. 意味が確認できたら、モデルの音声を使って、パラレル・リーディング、シャドーイング、音読を繰り返し練習しましょう。

Unit 2

マザーグース

Three Little Kittens from Mother Goose

英米で広く知られているマザーグースのリズムに乗って、英語らしいリズムを口ずさみ、体感してみましょう。

学習法の解説 (Way of Approach)

　このユニットでは英語文化圏の多くの国で歌われている伝承童謡 Mother Goose を取り上げます。イギリスでは Nursery Rhymes、アメリカでは Mother Goose Rhymes と呼ばれるように、rhymes（押韻詩）であり、韻を踏んでいることに注意しながら読むことが大切です。練習を進めていくにつれて、機械的にパラレル・リーディングをするのではなく、意味内容を踏まえて、感じを出しながら読む練習をしましょう。練習の最後にはぜひ歌ってみてください！

Let's Try!

Track 5-6

　とりあえずテキストを1回、パラレル・リーディングしてみましょう。初見の英文をいきなり正確にパラレル・リーディングすることはかなりむずかしいと言っていいでしょう。とにかく思い切ってやってみましょう。

　余裕のある方は、*p*.33〜の自己評価の基準に基づき、1回目のパラレル・リーディングを自分で評価し、レーダーチャートに採点を記録してみましょう。最終的な採点と比較するために、色を変えるとよいでしょう。そこで気づいた弱点の克服を、このユニットでの重点目標にすると、一層効果的なトレーニングができます。トレーニングの後に再度評価し、成果を確認してみてください。

Three Little Kittens

Three little kittens,
They lost their mittens,

And they began to cry,
Oh, mother, dear,
We sadly fear,
Our mittens we have lost.

What! Lost your mittens,
You naughty kittens,

Then you shall have no pie.
Meow, meow,
Then you shall have no pie.

The three little kittens,
They found their mittens,

And they began to cry,
Oh, mother, dear,
See here, see here,
Our mittens we have found.

What, found your mittens,
Then you're good kittens,

And you shall have some pie.
Purr-rr, purr-rr,
Then you shall have some pie.

Three little kittens,
Put on their mittens,

And soon ate up the pie.
Oh, mother, dear,
We sadly fear,
Our mittens we have soiled.

What! Soiled your mittens,
You naughty kittens,

And they began to sigh.
Meow, meow,
And they began to sigh.

The three little kittens,
They washed their mittens,

And hung them out to dry.
Oh, mother, dear,
Do you not hear,
Our mittens we have washed?

What! Washed your mittens?
Then you're good kittens!

But I smell a rat close by.
Meow, meow,
We smell a rat close by.

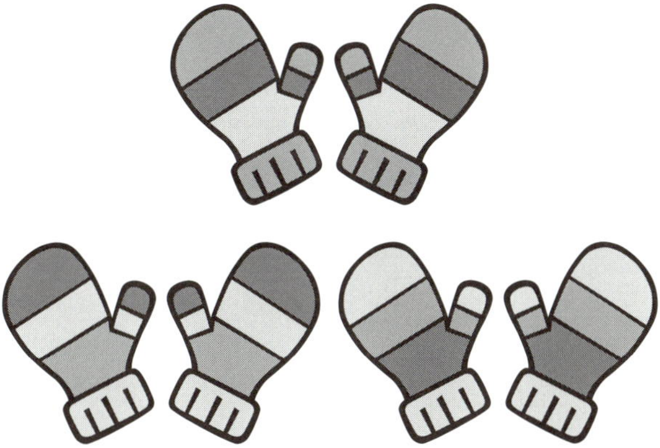

英文の背景情報
(Background Information)

Mother Goose は、イギリスやアメリカの子どもたちの間で古くから伝承されてきた童謡を指します。種類も多く、子守唄、物語、数え唄、なぞなぞ、早口ことばなどさまざまで、その数は1000とも2000とも言われています。子どもが最初に出会う絵本が、マザーグースなのです。竹友藻風は著書『英国童謡集』の中で次のように書いています。

「童謡には年齢がない。何時生れたかどこから来たかということさえわからない。神が Adam と Eve を創り給う前から楽園の木かげに歌われていたものであるかも知れない。あらゆる純粋な童謡はその国土の謡であると共に、世界中いたるところに親類を持っている大家族のひとつの支派(わかれ)である」。

Mother Goose 童謡集を学習することで、私たちの心に忘れられたしらべを呼び起こすことでしょう。

ここに取り上げたのは、かわいらしい3匹の子猫の歌です。kit-tens – mittens という韻を踏んだ語が、セットで繰り返し出てきます。これ以外に韻を踏む組み合わせとして、dear – fear、 dear – here、dear – hear がありますが、それぞれ母音をはっきり発音しましょう。また、猫の鳴き声を表す擬声語 meow, meow が3度出てきますが、感じを出して鳴き分けてくださいね。

Step 1 リスニング

音声を聞く（Listening）

Track 5-6

3匹の子猫とお母さん猫のやりとりをイメージしながら、1回または2回聞いてみましょう。kittens - mittens という韻を踏んだ語が、セットで繰り返し出てきます。これ以外に韻を踏む組み合わせとして、dear - fear、dear - here、dear - hear がありますが、それぞれ同じ母音が使われている点に注意して聞きましょう。また、猫たちの陰と陽の心の変化が音でどのように表現されているかに注意してください。つまり、意味内容を意識すると同時に、リズム、イントネーションなどプロソディにも注意を払いましょう。

Mini Lecture by トレーナー

今回のテーマ

英語の綴りと発音の関係は？

「ghoti と書いて何と読みますか」。これはイギリスの文豪バーナード・ショーの有名なジョークですが、答えは fish ですね。gh は laugh の gh だから f、o は women の o だから i、ti は nation の ti だから sh とショーは説明しています。

英語の綴りと発音の不規則な関係は、日本語と比べても、また他のヨーロッパ語と比較しても目をみはるものがあります。これは、発音が変化するのに、綴りが固定してしまい音の変化に追いつけなくなった結果です。たとえば、ea という綴りには、

[iː] (eat)、[e] (bread)、[ei] (break)

という3つの発音の仕方があります。綴り通りに読んでも決して正しい発音にはならない場合が多いことに注意しましょう。

このユニットで取り上げた Mother Goose にも、発音されない綴りがあります。kitten、mitten の中の e がそれです。それぞれ、[kitn]、[mitn] という発音になります。

Step 2 プロソディ・トレーニング

プロソディ・パラレル・リーディング (Prosody Parallel Reading)

Track 5-6

テキストを見ながら音声を聞いて、発音に注意しながらほぼ同時に声に出して読んでみましょう。まず、Track 5のややゆっくりめのもので繰り返し練習しましょう。モデルのリズム、イントネーション、ストレス、ピッチ、ポーズなど徹底的にまねるようにしましょう。満足のゆくまで練習できたら、今度はTrack 6のリズムを強調したやや速めのもので同じように練習しましょう。

Step 3 テキストの意味チェック

①内容理解のチェック (Comprehension Check)

話の流れに沿って次の8つの文を並べ替えてみましょう。（　　）に番号を記入してください。

(→解答と訳は*p*.212)

(　　) They found their mittens.
(　　) They soiled their mittens.
(　　) They began to sigh.
(　　) They smelled a rat close by.
(　　) They put on their mittens and ate some pie.
(　　) Three kittens lost their mittens.
(　　) They couldn't have any pie.
(　　) They washed their mittens.

②テキストの意味チェック
(Meaning Check)

Track 5-6

和訳で意味を確認してみましょう。

Three little kittens	**三匹の子猫**
Three little kittens, They lost their mittens,	三匹の子猫 手袋をなくした。
And they began to cry, Oh, mother, dear, We sadly fear, Our mittens we have lost.	そして泣き出した。 お母さん、 どうしよう。 手袋なくしちゃったよ。
What! Lost your mittens, You naughty kittens,	なんですって！　手袋なくしたんだって。 腕白坊やたち。
Then you shall have no pie. Meow, meow, Then you shall have no pie.	じゃあ、もうパイはお預けね。 ミャーオ、ミャーオ じゃあ、もうパイはお預けね。
The three little kittens, They found their mittens,	三匹の子猫 手袋を見つけた。
And they began to cry, Oh, mother, dear, See here, see here, Our mittens we have found.	そして泣き出した。 お母さん、 見て見て、 手袋見つけたよ。
What, found your mittens, Then you're good kittens,	なんですって！　手袋見つけたんだって。 いい子たちだね。
And you shall have some pie. Purr-rr, purr-rr, Then you shall have some pie.	じゃあ、パイをあげましょう。 ゴロゴロ、ゴロゴロ じゃあ、パイをあげましょう。

Three little kittens,
Put on their mittens,

And soon ate up the pie.
Oh, mother, dear,
We sadly fear,
Our mittens we have soiled.

What! Soiled your mittens,
You naughty kittens,

And they began to sigh.
Meow, meow,
And they began to sigh.

The three little kittens,
They washed their mittens,

And hung them out to dry.
Oh, mother, dear.
Do you not hear,
Our mittens we have washed?

What! Washed your mittens?
Then you're good kittens!

But I smell a rat close by.
Meow, meow,
We smell a rat close by.

三匹の子猫、
手袋はめて、

すぐにパイを平らげた。
お母さん、
どうしよう。
手袋汚しちゃったよう。

なんですって！　手袋汚したんだって。
腕白坊やたち。

そして、ため息つき始めた。
ミャーオ、ミャーオ
そして、ため息つき始めた。

三匹の子猫
手袋を洗った。

そして手袋を干した。
お母さん、
聞いて、
手袋洗ったんだよ。

なんですって！　手袋洗ったんだって。
いい子たちだね。

でも、近くにネズミのにおいがするよ。
ミャーオ、ミャーオ
近くにネズミのにおいがするよ。

Step 4 コンテンツ・トレーニング

①コンテンツ・パラレル・リーディング (Contents Parallel Reading)

Track 5-6

再度パラレル・リーディングに挑戦します。子供に聞かせるつもりで、感情を込めて声に出してみましょう。

今度は意味内容をイメージしながらパラレル・リーディングしてみましょう。気持ちをどのように声にのせればよいかきっとわかるでしょう。思いっきりかわいらしく読んでみるとうまくできるかもしれませんよ。

②語句消去パラレル・リーディング (Parallel Reading with Blanks)

Track 5-6

カラーシートをかぶせての練習です。ブランクの語を補いながら、パラレル・リーディングをしてみましょう。この段階では、ブランクの語がすっと口をついて出てくるのでは？

もし、出てこなければ、プロソディ・パラレル・リーディングとコンテンツ・パラレル・リーディングをやり直してから再度挑戦してみてください。今度はきっとうまくできるはずです。

Step 5 自己評価

①練習成果に対する自己評価（Self-evaluation）

これまでの練習の成果を自己評価してみましょう。納得のいくところまで練習できたら、できれば録音をしてください。録音した自分の声を聞くと、客観的に評価しやすいですね。プロソディ・パラレル・リーディングとコンテンツ・パラレル・リーディングで注意した観点を思い出しながら評価します。

日本人は英語を読むときも、日本語を読むように、ともすれば平板な読み方になりがちですが、パラレル・リーディングの練習をすることで、そのような日本語的な読み方から脱却することを目指したのですが、いかがでしたか。*p*.33～で解説した5つの項目ごとにそれぞれ1～5の5段階で評価して、○を付けてください。

②結果の記録と目標クリアの確認（Record of Result and Check）

最後に、自己採点結果を*p*.218～220の一覧表とグラフに記入しておきましょう。レーダーチャートはどのようになりましたか。バランスよく数字が高いですか。もし、数字の低いものがあれば、次のユニットでは特にそれに力を入れて学習しましょう。全体的に数字が低い場合は、このユニットを再度練習しましょう。

トレーニングの記録

(1) リズム
5. まったくネイティブ並み　4. ほとんどネイティブ並み　3. 少し不自然
2. かなり日本語的　1. まったく日本語同様

(2) イントネーション（ピッチ、すなわち声の高さの変化）
5. まったくネイティブ並み　4. ほとんどネイティブ並み　3. 少し変化に乏しい
2. かなり平板　1. まったく日本語同様

(3) 英文再生率（どれだけ正確に間違わずに、復唱ができたかの目安）
5. 100%　4. ほぼ再生できた　3. かなり再生できた　2. 半分くらい再生できた
1. あまり再生できなかった

(4) スピード
5. まったく遅れなかった　4. ほとんど遅れなかった　3. 多少遅れた　2. 遅れた
1. ついていけなかった

(5) わかりやすさ（（1）～（4）を加味した，総合的なわかりやすさ「伝達度」）
5. 100%伝わると思う　4. ほぼ伝わると思う　3. かなり伝わると思う
2. 半分くらいは伝わると思う　1. あまり伝わらないと思う

○を付けた数字を下のレーダーチャートに記録しておきましょう。

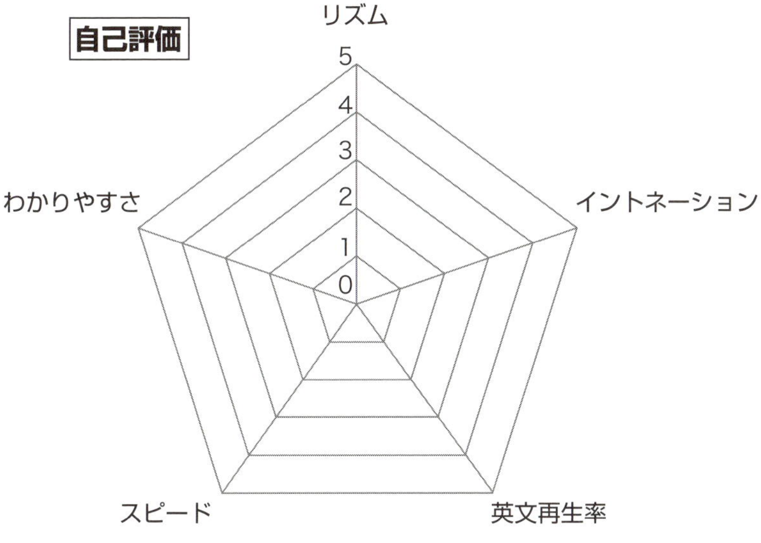

Unit 3

Benefits of Water

標準的な解説型の英文を素材に、パラレル・リーディングの基礎固めをしましょう！

学習法の解説（Way of Approach）

本ユニットでは、日常生活にまつわる話題を集めた Archive for English Training (http://e-teststation.com/aet/index.html) の英文をもとに練習をしましょう。機械的に音声を聞いて、パラレル・リーディングをするのではなく、意味内容を踏まえて、その内容を知らない人に伝達するつもりで感じを出しながら練習をしましょう。

Let's Try!

Track 07

とりあえずテキストを1回パラレル・リーディングしてみましょう。初見の英文をいきなり正確にパラレル・リーディングすることはかなりむずかしいと言っていいでしょう。しかし、とにかく思い切ってやってみましょう。

余裕のある方は、*p.*33〜の自己評価の基準に基づき、1回目のパラレル・リーディングを自分で評価し、レーダーチャートに採点を記録してみましょう。最終的な採点と比較するために、色を変えるとよいでしょう。そこで気づいた弱点の克服を、このユニットでの重点目標にするとより効果的なトレーニングができます。トレーニングの後に再度評価し、成果を確認してみてください。

それでは、次のテキストを見ながらCDを聞いて、ほんの少し遅れる程度で声に出していきましょう。

Benefits of Water

Water is vital for a healthy body and can also benefit your skin. Water helps remove waste products from your system and hydrates the skin, giving it a healthy glow. It's also believed to encourage skin cell turnover and flush out excess oil that might otherwise become clogged in your pores. Not drinking enough water can cause dry lips, headaches, and fatigue. To avoid dehydration and reap the benefits of water, most experts recommend drinking at least eight glasses each day. Those in dry climates may need even more. Don't wait until you're thirsty: by that time, you've already lost more than 1 percent of your body's water supply. If you don't like the taste of water, try a bottled spring water or consider flavoring tap water with a wedge of lemon, lime, or orange. Take a gallon bottle of water to work with you, and make it a goal to drink most or all of the water each day. Pay special attention to your water intake when you're working out or drinking alcoholic beverages. At these times, you'll need extra water to offset the amount you'll lose. Drink before, during, and after exercise. At parties, have a glass of water or club soda between every cocktail.

text by Bluestrealc media

英文の背景情報
(Background Information)

水は私たち人類を含め生物にとって欠かせないものです。かつて運動部などでは、練習中に水分をとると疲労が出るという理由（迷信）で、練習終了まで水を飲まないよう指導していました。

しかし、本ユニットで用いた英文でも、スポーツの前、途中、終了後も水を飲むことをすすめています。また、アルコールを飲んでいるときも、水を飲むことが必要なようです。

Step 1 リスニング

音声を聞く（Listening）

Track 07

私たちの生活と切っても切り離せない水の恩恵について考えながら、1回ないし2回聞いてみましょう。英文の前半には、意味のわからない単語も結構出てくるかもしれません。あまり気にしないで、聞き流してください。それよりも、水についてみなさんがもっておられる知識なども背景知識として活用しながら聞いてください。

同時に、リズム、イントネーションなどの音声のプロソディ面にも注意を払いましょう。

Step 2 プロソディ・トレーニング

プロソディ・パラレル・リーディング
(Prosody Parallel Reading)

Track 07

テキストを見ながら音声を聞いて、声に出して再生してみましょう。この段階では、意味内容よりも英語の発音（韻律）をそのまま丸ごとまねるようにすることが重要です。

発音は比較的淡々とした調子で行っています。内容が、特に感情を込めたものではなく、情報を提供するといったものだからでしょう。全般的には、序章でお話ししたように、文末の内容語に音調核がくることを意識して発音しましょう。

なお、15行目に出てくる ...lemon, lime, or orange... や、下から3行目の ...before, during, after... などの個所は、それぞれ3つの単語をリストアップし、上昇調、上昇調、下降調というピッチ変化をつけることによって、お互いの語を対照させる形の発音をしています。また、7行目の fatigue や18行目の intake などはストレス（強勢）の位置に注意してください。単語の最初の音節にはストレスはありません。これらに注意して、再生の練習をしましょう。

Step 3 テキストの意味チェック

①内容理解のチェック（Comprehension Check）

英文のおおざっぱな内容についての理解チェックです。次の各日本文について、内容と合っていればTを、内容と違っていればFを書き込んでください。特にテキストの前半に難しい語が集中していますが、意味の想像ができますか。よく考えて答えてみましょう。

（→解答は*p*.212）

(1)　(　　)　水は皮膚の健康にも効果があります。

(2)　(　　)　毎日グラス8杯の水を飲むことは飲み過ぎです。

(3)　(　　)　のどの渇きをおぼえた後で、水を摂取するとよいでしょう。

(4)　(　　)　アルコール飲料を飲んでいるときは、水を飲む必要はありません。

(5)　(　　)　運動中もその前後も水分は必要です。

②テキストの意味チェック
(Meaning Check)

Track 07

それでは、英文(再掲載)と和訳で英文の意味を細かいところまで確認してみましょう。まずは英文に目を通し、その後、語注を参照し、最後に全文訳を見るようにしてください。

Benefits of Water

Water is vital for a healthy body and can also benefit your skin. Water helps remove waste products from your system and hydrates the skin, giving it a healthy glow. It's also believed to encourage skin cell turnover and flush out excess oil that might otherwise become clogged in your pores. Not drinking enough water can cause dry lips, headaches, and fatigue. To avoid dehydration and reap the benefits of water, most experts recommend drinking at least eight glasses each day. Those in dry climates may need even more. Don't wait until you're thirsty: by that time, you've already lost more than one percent of your body's water supply. If you don't like the taste of water, try a bottled spring water or consider flavoring tap water with a wedge of lemon, lime, or orange. Take a gallon bottle of water to work with you, and make it a goal to drink most or all of the water each day. Pay special attention to your water intake when you're working out or drinking alcoholic beverages. At these times, you'll need extra water to offset the amount you'll lose. Drink before, during, and after exercise. At parties, have a glass of water or club soda between every cocktail.

vital　命を保つのに必要な
waste products　老廃物
hydrate　水分を与える
cell　細胞
turnover　交代、転換

flush out　押し流す
excess　余分な
clog　詰まる、邪魔する
pores　毛穴
dehydration　脱水症状

水の恩恵

水は、健康な体にとって必要不可欠であり、また、皮膚のためにもよいものです。水には、体の老廃物を除去する機能があり、肌に水分を補給します。また、水は、皮膚細胞の再生を奨励し、毛穴の詰まりを招く余分な油を押し流すと考えられています。十分な水を飲まないと、乾いた唇、頭痛、および疲労の原因になります。脱水症状を避けて、水の恩恵を受けるためにほとんどの専門家が、毎日少なくともグラス8杯の水を飲むことをすすめています。乾燥した気候にいる人々は、さらに多くの水が必要です。喉が乾くまで待たないでください：その時までに、既に身体の水分供給の1パーセント以上を失っているのです。水の味覚が好きでない場合は、瓶詰めの湧き水を飲んでみるか、またはレモン、ライム、またはオレンジをくし型に切り、水道水に風味を添えることを考えてみてください。仕事に行くときは、1ガロンのボトルを持っていってください。そして、毎日、その水の大部分かすべてを飲むことを目標にしてください。運動をしたり、アルコール飲料を飲んでいるときには、水分摂取量に特に注意を向けてください。こういった時には、失う水分量の埋め合わせをするためにさらに水が必要です。運動をするときはその前、および運動中と運動後に飲んでください。パーティでは、カクテルを1杯飲むごとに、1杯の水かソーダ水を飲むようにしてください。

reap　（結果として）受ける
flavour　風味をつける
wedge　くさび型のもの
gallon　ガロン（1 gallonは約3.8リットル）
offset　埋め合わせる、相殺する
intake　取り込み、摂取
club soda　ソーダ水

Step 4 コンテンツ・トレーニング

①コンテンツ・パラレル・リーディング (Contents Parallel Reading)

Track 07

再度パラレル・リーディングに挑戦します。今度は、発音よりも英文の意味内容に十分な意識を向けながら練習します。何度も繰り返し、内容が簡単にイメージでき、同時に英文も半ば自動的に口をついて出てくるまで練習しましょう。

②語句消去パラレル・リーディング (Parallel Reading with Blanks)

Track 07

今度は、カラーシートをかぶせての練習です。一部ブランクになった単語を補いながら、パラレル・リーディングをしてみましょう。そうすることで、単語や単語と単語の組み合わせであるチャンクを記憶することができるようになります。語彙力増強法として利用してください。また、パラレル・リーディングの際には、先生になったつもりで、テキストの意味内容を別の人に説明するようなつもりで行いましょう。

Mini Lecture by トレーナー

今回のテーマ

外来語の発音は英語ではどうなるの？

外来語ってどのようなものでしょう。一般には、別の言語から借用された単語で、日本語と大差なく用いられるようになった単語を言います。日本語の場合、広くは漢語も含まれますが、普通は主に欧米諸国から入ってきた語を外来語と呼んでいます。

外来語が日本語化するとき、元の語との間にずれが生じることがよくあります。まず、発音が日本語化されます。その結果、もともとの言語での発音上の区別が失われるものがあります。right（右）と light（あかり）はともに「ライト」です。また、personal computer がパソコン、inflation がインフレとなるなど、短縮されるものもあります。デコレーションケーキ（英語は fancy cake）、プレイガイド（英語は ticket agency）、シュークリーム（cream puff）など、原語とは違うことばをつくることもあります。

これらのずれは英語を学習したり、英語を使用する時に妨げとなることがあります。その中でも一番の問題は、発音のずれでしょう。中には、元の発音が多くの日本人にとって想像できないものもあります。例えば、vitamin などは、カタカナ語では「ビタミン」と発音してますが、英語では [vaitəmin] です。

次の外来語は、このユニットの英文中に使われている単語です。どこに使われているか、該当する語を見つけ出し、（　　）内にその語のスペリングを記入してください。そして、付録のCDに収録されている発音を聞いて本来の発音を確認しましょう。このような例は数多くありますので、発音記号を見るだけでなく、発音機能のある電子辞典で実際の発音を確認する習慣をつけることが大切です。

Track 08

ヘルシー	（　　　　）	スキン	（　　　　）
ウォーター	（　　　　）	オイル	（　　　　）
ドライ	（　　　　）	パーセント	（　　　　）
ボトル	（　　　　）	レモン	（　　　　）
オレンジ	（　　　　）	エクササイズ	（　　　　）
カクテル	（　　　　）	リップ	（　　　　）

（→解答は*p.*78に）

Step 5 自己評価

①練習成果に対する自己評価（Self-evaluation）

これまでの練習の成果を自己評価してみましょう。納得のいくところまで練習したら、今度はできればパソコンなどに録音をしてください。

最後に実施したコンテンツ・パラレル・リーディングをもとに評価をします。

p.33～で解説した5つの項目ごとにそれぞれ1～5の5段階で評価して、○を付けてください。ただ、あまり深く考えすぎないようにしてください。

②結果の記録と目標クリアの確認（Record of Result and Check）

最後に、自己採点結果を右ページのレーダーチャートおよび、*p*.218～220のトレーニング記録の一覧表とグラフに記入しておきます。

そして、現在の自分の課題は何かをしっかりつかんでおきましょう。それでは次の最後のユニットに進んでください。

_p_.77「Mini Lecture by トレーナー」の問題の解答

ヘルシー（healty）、スキン（skin）、ウォーター（water）、オイル（oil）、ドライ（dry）、パーセント（percent）、ボトル（bottle）、レモン（lemon）、オレンジ（orange）、エクササイズ（exercise）、カクテル（cocktail）、リップ（lip）

トレーニングの記録

(1) リズム
5. まったくネイティブ並み　4. ほとんどネイティブ並み　3. 少し不自然
2. かなり日本語的　1. まったく日本語同様

(2) イントネーション（ピッチ、すなわち声の高さの変化）
5. まったくネイティブ並み　4. ほとんどネイティブ並み　3. 少し変化に乏しい
2. かなり平板　1. まったく日本語同様

(3) 英文再生率（どれだけ正確に間違わずに、復唱ができたかの目安）
5. 100%　4. ほぼ再生できた　3. かなり再生できた　2. 半分くらい再生できた
1. あまり再生できなかった

(4) スピード
5. まったく遅れなかった　4. ほとんど遅れなかった　3. 多少遅れた　2. 遅れた
1. ついていけなかった

(5) わかりやすさ（(1)～(4)を加味した，総合的なわかりやすさ「伝達度」）
5. 100%伝わると思う　4. ほぼ伝わると思う　3. かなり伝わると思う
2. 半分くらいは伝わると思う　1. あまり伝わらないと思う

○を付けた数字を下のレーダーチャートに記録しておきましょう。

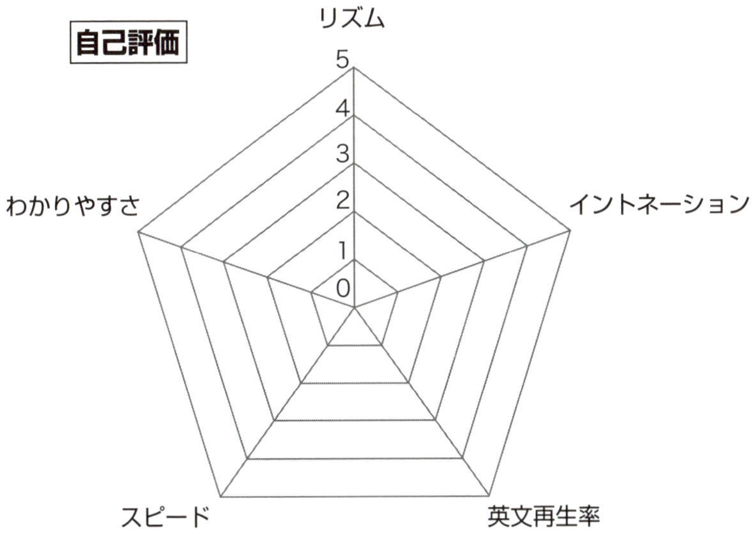

Unit 4

ヒュー・グラント、ドリュー・バリモアへのインタビュー

Interview with Hugh Grant and Drew Barrymore

Part 1 の仕上げは、難関のナチュラル・トーク。最初は歯が立たなくても、やがて口が動いていくようになりますよ！

学習法の解説（Way of Approach）

いよいよ第1部パラレル・リーディングの最終ユニットです。ここでは、インタビューを取り上げます。男女ふたりの映画俳優に対するインタビューです。非常に気楽に話していますので、結構スピードも上がっています。また、表現もかなり略式のものが使われています。

Music and Lyrics より
© Warner Bros/courtesy Everett Collection/NANA通信社

みなさんの中には、英語のスピードが速く、戸惑いを感じる方もいるかと思いますが、できなくてもともと、第1部の仕上げのユニットとして、がんばってチャレンジしてみてください。

Let's Try!

Track 09

テキストをとりあえず1回パラレル・リーディングしてみましょう。初見の英文を、しかもかなりのハイスピードの音声英語を、いきなり正確にパラレル・リーディングすることはかなりむずかしいと言っていいでしょう。当たって砕けろの気持ちで思い切ってやってみましょう。

もし、余裕のある方は、*p*.33～の自己評価の基準に基づき、1回目のパラレル・リーディングを自分で評価し、レーダーチャートに採点を記録してみましょう。採点結果がよくなくても、がっかりしないでください。最終的な採点と比較するために、色を変えるとよいと思います。トレーニングの後に再度評価し、成果が得られたかどうか確認してみてください。

それではまず、次のテキストを見ながらCDを聞いて、ほんの少し遅れる程度で声に出して言ってみましょう。

ただ、ここでひとこと注意です。文字で書かれた会話は、きちんとすべての発話を表記していますが、実際にはふたりの音声が重複しているところがあります。つまり、同時にしゃべっていて、両方をパラレル・リーディングするのが不可能な個所があります。その場合は、男性 (Hugh Grant) のほうの音声を追いかけてください。本ユニットでは、完璧にしようとするのではなく、できる範囲で結構ですので、がんばってみてください。それではスタート！

Interview with Hugh Grant and Drew Barrymore — *Music And Lyrics*

Jordan Riefe / Planet Syndication

Q: Can you talk about filming in New York?

HG: Well, it's, uh, it is, well, it's the place, isn't it really? I mean, it, Marc Lawrence is very, very quintessentially New York. I don't think he's ever left New York, and, um...

DB: And he's ever left his apartment.

HG: He's virtually never left his apartment. Uh, he's had the same lunch, the same chicken soup and tuna

Music and Lyrics より　© Warner Bros/courtesy Everett Collection/NANA通信社

salad sandwich for the last forty years from the same deli, and the same piece of pizza in the evening. And, uh, you know, he's totally passionate about the city and was never going to compromise. There was never going to be any question of Toronto for this film. And it is, uh, it is, you know, as far as I'm concerned, it is the city with probably the most texture in the world, maybe, next to Calcutta, you know, it's just ... you, you, wherever you point a camera, Paris is good as well, actually. You sort of think, "Yeah, that's filmy." And you do- you know, I love Toronto in many ways, but you don't get that there.

Q: It says Marc tried to keep within a ten-block radius.

DB: Oh, I mean literally, I don't want to give anything away but he, he lives very near to where we filmed everything. I mean, he literally, like, he doesn't like to go out of the neighborhood.

HG: But also, I think that he was keeping this film, um, quite close to his heart, actually. He's passionate about music. Um, the block that we shot in is his bl- you know, that's his apartment block, and place...

DB: That's what I wasn't going to give away.

HG: I don't, I don't, I don't think anyone's going to stalk Marc. Um, ah, yes, that's where he lives. Okay, now I can go and stab his children!

DB: Stop it!

HG: Um, but ye- so it is, this is it's very close to his heart, I think.

英文の背景情報
（Background Information）

映画　*Music And Lyrics*（邦題：『ラブソングができるまで』）
（http://musicandlyrics.warnerbros.com/）

「忘れられた80年代のポップスターだった。彼女の歌詞に出会うまでは……。恋をしていてもしていなくてもこの春一番の恋の歌」というTVスポットのラブコメディ。一世を風靡した1980年代は遠く去り、いまやしょぼくれたイベントを賑わせるしかない元ポップスターのAlex。そんな彼に、ついに返り咲きのチャンスが訪れます。新曲提供の依頼です。そんなとき彼のアパートにたまたま鉢植えの水やりのバイトに来ていた Sophie が口ずさんだフレーズが、Alexのお気に入りに……。ラブソングなど書く気はないという Sophie の躊躇をよそに、ふたりの共同作業ははじまりました。

監督／脚本は、Marc Lawrence で、本作が監督2作目。当初より Hugh Grant（Alex役）を主人公に思い浮かべながら脚本を執筆したと言います。また、主演の Hugh Grant によれば、撮影はいかにも楽しかったように見えますが、実はかなり拷問のようだったとか。さらに、Sophie 役にはDrew Barrymore。有名作家に失恋した傷心の女性が、数日のうちにヒット曲を書き上げなくてはならない Alex に頼まれて曲作りの手伝いをすることになります。そして、ふたりのロマンスがはじまったのです。

本ユニットのインタビューは、この主役のふたりに対するもので、映画制作の裏話などが率直に語られています。その中で、特に映画の監督である、Marc Lawrence について語った部分を中心に採用しました。Marc Lawrence は、Hugh Grant 、Drew Barrymoreとの本作をすべて New York の Manhattan で撮影しました。収録した英文の中でも、「すべての撮影場所が自分のアパートから数ブロックの範囲だ」と語っていますね。

Mini Lecture by トレーナー

今回のテーマ

英語の母音の発音についての注意点は？

英語の母音は、日本語の母音に比べるとはるかに数が多いのです。一般に英語の母音は、それぞれの母音を発音する時の舌の高さと前後の位置関係をもとに分類できます。これに、唇の形が円いかそうでないか、舌の緊張度、発音の長さ（長母音・短母音）などの要素が合わさって発音されます。次に英語の母音と日本語の5母音を舌の位置に基づいて分類した図を掲載します。

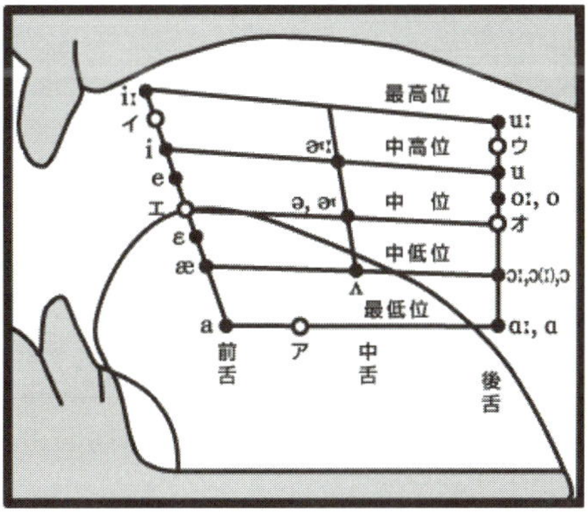

英語および日本語の母音図：
舌は日本語「エ」の発音位置
注）東谷岩人（1966）『米会話発音教本』*p.*9南雲堂刊より転載

前舌母音なら口の前のほうで発音し、後舌母音なら奥のほうで発音するのです。

以上の他に、ふたつの単母音が組み合わさった二重母音があります。これは、単にふたつの母音が連続したものではなく、ひとつとして結合したものです。最初の母音のほうが、より強く長く発音されます。具体的には、[ei] [ai] [ɔi] [au] [ou] [iɚ] [uɚ] などがあります。

ただ、本ユニットのような比較的カジュアルな音声英語だと、母音はしばしば弱くなったり、脱落したりすることがあります。これには注意が必要です。例えば、andの発音も《強》[ænd] だけではなく、[ənd] [nd] [ən] といろいろあります。これは、スピードが速くなればなるほど、子音（*p.*99 のMini Lecture 参照）はあまり変化しませんが、母音は弱くなったり脱落するからです。また、日本語では5つしか母音がありませんので、私たち日本の英語学習者にとって、一番の問題は、英語の母音を日本語の母音に置き換えて聞いてしまうことです。舌の位置の違いをよく理解して、練習するようにしましょう。

Step 1 リスニング

音声を聞く（Listening）

Track 09

では、インタビューを聞いてみましょう。

これが、フランクな会話の実態です。多くの日本人英語学習者にとってかなり理解するのは難しい英語でしょうが、何とか全体のイメージがつかめるまで聞いてみましょう。また使われている単語も、意味の知らない単語があるかもしれません。できなくてもともと、少しでもわかればOKくらいの気持ちで取り組んでみましょう。また、リズム、イントネーションなどプロソディも実に躍動感溢れたものになっています。

Step 2 プロソディ・トレーニング

プロソディ・パラレル・リーディング（Prosody Parallel Reading）

Track 09

テキストを見ながら音声を聞いて、声に出して再生してみましょう。意味内容よりも英語の韻律、つまりスピード、リズムやイントネーションをそのままま全体としてまねるようにすることが重要です。ただ実際問題、発話のスピードが速いので、テキストを見ながらの再生でもうまくついていけないという方もいらっしゃるでしょう。舌がもつれてしまってダメだと思われる人もいるでしょう。それでも、一部でもよいのでチャレンジしてみてください。ちょっとしたショック療法ですが、そうすることで、他の英語がとてもゆっくり聞こえてきますよ。

なお、先にも書きましたが、ふたりの発話音声が重複しているところがあります。例えば、6行目から7行目にかけての次の部分も一部重なっています。ここでは、Drew Barrmore (DB) のことばを再生し、Hugh Grant (HG) のほうは、一部スキップしてください。

DB: And he's ever left his apartment.
HG: He's virtually never left his apartment.

また、30行目から32行目にかけても重複していますが、ここではDBの発話は無視していただいてけっこうです。

DB: That's what I wasn't going to give away.
HG: … I don't think anyone's going to stalk Marc.

さらに最後の部分のDBの笑い声や、**DB:** Stop it! という部分も無視しましょう。このような実際の会話は忠実に繰り返そうとしても、不可能な個所も出てきます。
以上の点に留意しつつ、練習をはじめてください。

Step 3 テキストの意味チェック

①内容理解のチェック
(Comprehension Check)

英文のおおざっぱな内容についての理解チェックです。次の各日本文について、内容と合っていればTを、内容と違っているときはFを書き込んでください。

(→解答は*p.*212)

(1) (　　) この映画はトロントで撮影されました。
(2) (　　) 監督の Marc は、いろいろな都市を旅しています。
(3) (　　) Hugh Grant によれば、パリはカメラを向けるのに適した街です。
(4) (　　) Drew Barrymore は、監督の Marc のことをすべて暴露しようとしました。
(5) (　　) 監督の Marc が本映画をマンハッタンで撮影したのは、本映画を身近なものにしておきたかったからです。

テキストの意味チェック
(Meaning Check)

Track 09

英文と和訳で英文の意味を細かいところまで確認してみましょう。

Q: Can you talk about filming in New York?
HG: Well, it's, uh, it is, well, it's the place, isn't it really? I mean, it, Marc Lawrence is very, very quintessentially New York. I don't think he's ever left New York, and um...
DB: And he's ever left his apartment.
HG: He's virtually never left his apartment. Uh, he's had the same lunch, the same chicken soup and tuna salad sandwich for the last forty years from the same deli, and the same piece of pizza in the evening. And, uh, you know, he's totally passionate about the city and was never going to compromise. There was never going to be any question of Toronto for this film. And it is, uh, it is, you know, as far as I'm concerned, it is the city with probably the most texture in the world, maybe, next to Calcutta, you know, it s just ... you, you, wherever you point a camera, Paris is good as well, actually. You sort of think, "Yeah, that's filmy." And you do- you know, I love Toronto in many ways, but you don't get that there.
Q: It says Marc tried to keep within a ten-block radius.
DB: Oh, I mean literally, I don't want to give anything away but he, he lives very near to where we filmed everything. I mean, he literally, like, he doesn't like to go out of the neighborhood.
HG: But also, I think that he was keeping this film, um, quite close to his heart, actually. He's passionate about music. Um, the block that we shot in is his bl- you know, that's his apartment block, and place ...
DB: That's what I wasn't going to give away.
HG: I don't, I don't, I don't think anyone's going to stalk Marc. Um, ah, yes, that's where he lives. Okay, now I can go and stab his children!
DB: Stop it!
HG: Um, but ye- so it is, this is it's very close to his heart, I think.

---

quintessentially 典型的に
virtually 実際上、ほとんど
deli (=delicatessen) 調理済食品店、デリカテッセン
compromise 妥協する
texture 質感、肌合い
sort of いわば（はっきりと言わないで和らげるときに使う）

Q: ニューヨークでの撮影について話していただけますか?

HG: うん、あれはまさに場所がすべてだったと言っていいと思う。マーク・ローレンス自身がニューヨークそのものなんだ。彼は今までにニューヨークを出たことなんかないんじゃないかな。

DB: 自分のアパートから外に出たこともね。

HG: 彼は実際にほとんどアパートから出たこともないんだ。彼はこの40年間ずっと、同じ昼食、つまり、同じチキンスープとツナ・サラダのサンドイッチを、あるデリカテッセンに注文し続け、夜にも同じピザを食べ続けてきたんだよ。彼は、このニューヨークが本当に大好きで、その情熱に妥協の余地はなかったね。この映画の撮影をトロントでしようかなんてことは問題外のことだった。そして僕も、ニューヨークはたぶん世界でいちばん質感のある街だと思う、まあ、カルカッタの次くらいにね。カメラを向ければどこでも、実際のところパリもいいけどね、「よし、こいつは絵になるぞ」という感じなんだ。僕はいろんな意味でトロントも好きだけど、そこではそういうふうにはいかないからね。

Q: マークは半径10ブロック以内ですべて行おうとしたらしいですね。

DB: そう。私は、何も暴露するつもりはないけれど、マークは、撮影現場の本当にすぐ近くに住んでいるの。要は、彼は文字通り、近所から一歩も外に出たくなかったのね。

HG: しかし、また、彼は実際に彼の心のすぐそばにこの映画を置いておきたかったのではないかと思うな。 彼は音楽大好きだし。 私たちが撮影したブロックはね、知ってると思うけど、まさに彼のアパートと同じブロックなんだ。

DB: それ、言わないようにしていたのに。

HG: でもマークをストーカーするやつなんていないだろ。(冗談めかして) なるほど、あれがあいつの家か。よし、いまから行って子供をナイフで刺してこよう。

DB: それは止めて!

HG: そんなわけで、そこは彼の心のすぐそばなんだと思うよ。

---

filmy 映画的
literally 文字通り、まったく
give away 暴露する
shoot 撮影する
stalk ストーカーになる、(犯意を持って) そっと近づく
stab (ナイフなどで) 突き刺す

Step 4 コンテンツ・トレーニング

①コンテンツ・パラレル・リーディング
（Contents Parallel Reading）

Track 09

それではもう一度、パラレル・リーディングに挑戦してみましょう。今度は先にチェックした意味内容をできるだけ意識しながら練習します。ただ、何度も書いていますように、かなりのハイスピードで話していますので、自動的に口をついて出てくるまで練習するのは難しいかもしれませんが、そのハイスピードをエンジョイする気持ちでやってみてください。

②語句消去パラレル・リーディング
（Parallel Reading with Blanks）

Track 09

いかがでしょう。ハイスピードと言っても少しは慣れてきたのではないでしょうか。それでは、今度は、カラーシートをかぶせての練習です。ブランクになった単語を補いながら、パラレル・リーディングをしてみましょう。テキストばかりに注目しないで、聞こえてきた音にも同じように注目してくださいね。また、舌がもつれて全部発音できないこともあるでしょう。それでも結構です。できる範囲でトライしてみましょう。

Step 5 自己評価

①練習成果に対する自己評価（Self-evaluation）

それでは、これまでの練習の成果を自己採点してみましょう。あるていど納得のいくところまで練習したら、できるかぎり録音をしてください。

プロソディ・パラレル・リーディングとコンテンツ・パラレル・リーディングのふたつに十分に注意しつつ評価をします。

*p.*33〜で解説した5つの項目ごとにそれぞれ1〜5の5段階で評価して、○を付けて、*p.*92のレーダーチャートに記入してください。

②結果の記録と目標クリアの確認（Record of Result and Check）

最後に、自己採点結果を*p.*218〜220の一覧表とグラフに記入しておきましょう。

これで、Part 1 の終了です。いかがでしたでしょうか。最後のユニットは、ナチュラル・トークで、最初はちょっと歯が立たなかったかもしれませんね。でも、口（発音器官）の運動には適していたのではないでしょうか！

では、次はいよいよシャドーイングです。

トレーニングの記録

(1)リズム
5. まったくネイティブ並み　4. ほとんどネイティブ並み　3. 少し不自然
2. かなり日本語的　1. まったく日本語同様

(2)イントネーション(ピッチ、すなわち声の高さの変化)
5. まったくネイティブ並み　4. ほとんどネイティブ並み　3. 少し変化に乏しい
2. かなり平板　1. まったく日本語同様

(3)英文再生率(どれだけ正確に間違わずに、復唱ができたかの目安)
5. 100%
4. ほぼ再生できた　3. かなり再生できた　2. 半分くらい再生できた
1. あまり再生できなかった

(4)スピード
5. まったく遅れなかった　4. ほとんど遅れなかった　3. 多少遅れた　2. 遅れた
1. ついていけなかった

(5)わかりやすさ((1)～(4)を加味した，総合的なわかりやすさ「伝達度」)
5. 100%伝わると思う　4. ほぼ伝わると思う　3. かなり伝わると思う
2. 半分くらいは伝わると思う　1. あまり伝わらないと思う

○を付けた数字を下のレーダーチャートに記録しておきましょう。

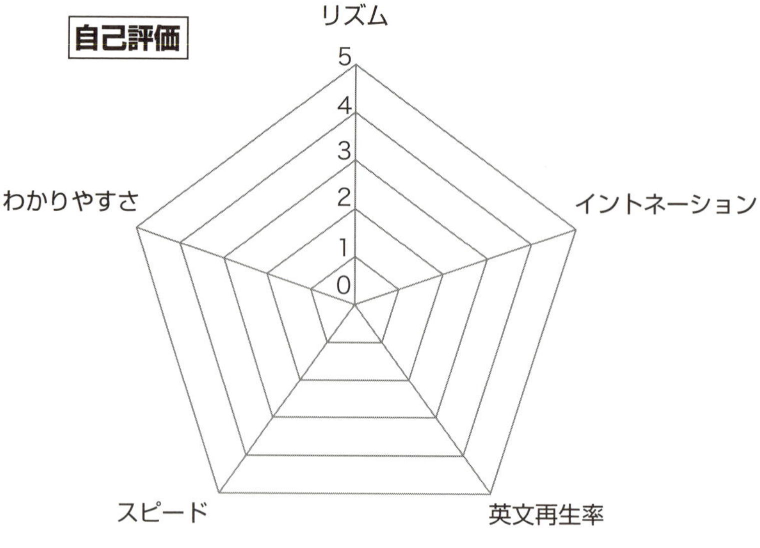

Part 2 シャドーイング

Track 20 Track 20の解説参照

テキストを見ないで、聞こえてきたままの音声をそのまま真似て繰り返し、音声データベースを作ります。

Part2
「シャドーイング」の学習のポイント

Part2の各Unit共通の学習の流れ

学習法の解説 (Way of Approach)
↓
Let's Try!
↓
英文の背景情報 (Background Information)
↓
Step1　リスニング
音声を聞く (Listening)
↓
★ Step2　プロソディ・トレーニング
マンブリング (Munbling)
↓
プロソディ・シャドーイング (Prosody Shadowing)
↓
Step3　テキストの意味チェック
(1) 内容理解のチェック (Comprehension Check)
↓
(2) テキストの意味チェック (Meaning Check)
↓
★ Step4　コンテンツ・トレーニング
コンテンツ・シャドーイング (Contents Shadowing)
↓
Step5　自己評価
(1) 練習成果の自己評価 (Self-evaluation)
↓
(2) 結果の記録と目標クリアの確認 (Record of Result and Check)

Track 20 の解説参照

まずは英語の音の流れに乗ろう！

Part 1「パラレル・リーディング」ではテキストを見ながら練習しましたが、Part 2「シャドーイング」では、テキストを見ずに聞こえてきたままを復唱する練習をします。

シャドーイングの練習は、これまで同時通訳の基礎訓練に利用されてきました。聴覚を通して入ってきた音声を、一時的に保持・記憶して、それを話し手のスピードに合わせながら、遅れずに口に出して言う練習ですから、学習者には極めて集中力が要求されます。

このパートでは、まず Let's try! で、とりあえず一度シャドーイングしてみましょう。これはかなりむずかしいので、できなくても気にする必要はありません。できないところはほっとおいて、できるところだけでもシャドーイングしてみましょう

Step 1 のリスニングで、内容をつかみながらしっかり音声を聞いてみましょう。Step 2 のプロソディ・トレーニングでは、まずマンブリングをします。これは、聞こえたままを小声で繰り返してみる練習です。できるところだけでも小声で言ってみましょう。次のプロソディ・シャドーイングでは、文全体の流れやイントネーションに注意しながらシャドーイングしてみましょう。細かいところができなくても気にせずに、流れに乗るように練習してください。

Step 3 で意味をしっかり確認した後、Step 4 のコンテンツ・トレーニングに移ります。今度は内容をしっかり踏まえて、聞き手を意識しながら自分がアナウンサーになったつもりで練習してみてください。そのためには、モデルの音量を少し下げて練習するとよいでしょう。繰り返し練習ができたら、Step 5 で自己評価をしてみましょう。Let's Try! で自己評価を行った場合は、それと今回の評価を比較してみると自分の伸びが実感できることでしょう。レーダーチャートで弱点分野を確認してから次の Unit に進みます。

Unit 1

早口ことば

Tongue Twister

発音の練習にはもってこい、同じ子音が連続するなど、言いにくい単語が連続する早口ことばの練習からはじめましょう。

学習法の解説 (Way of Approach)

早口ことばは英語では、tongue twister と言います。ちなみに『コウビルド英語辞典』では、tongue twister を "a sentence or expression which is very difficult to say properly, especially when you try saying it quickly a number of times."(適切に言うことが非常にむずかしい、特に素早く何度も繰り返し言うことが非常に難しい文や表現)と定義しています。

通常、たとえば、made the big black bear bleed blood のように、同じ子音が連続すると、発音するのがむずかしい語または語句が含まれます。これをできるだけ速くよどみなく間違わずに言うことによって、発音しにくい部分が強調されるので、発音練習には最適と言えるでしょう。速くしかも正確に発音するためには声に出して繰り返し練習すること、決してごまかさないことが大切です。tongue twister は一種のことば遊びですので、楽しんで言えるようになることが目標です。

Let's Try!

Track 10-12

取りあえずテキストを1回シャドーイングしてみましょう。初めて聞く英語をいきなり正確にシャドーイングすることはかなりむずかしいと言っていいでしょう。とにかく思い切ってやってみましょう。

余裕のある方は、p.33～の自己評価の基準に基づき、1回目のシャドーイングを自分で評価し、レーダーチャートに採点を記録してみてください。最終採点と比較するために、色を変えるとよいでしょう。そこで気がついた弱点の克服を、このユニットでの目標に設定し、トレーニング後に再度評価し、成果を確認するとよいでしょう。

column 02

ことば遊びのいろいろ

「早口ことば」以外にもことば遊びはいろいろありますが、いくつか紹介してみましょう。

■回文 (Palindromes)

日本語にも「しんぶんし」、「たけやぶやけた」など上から読んでも下から読んでも同じことばがたくさんありますが、英語にも前から読んでも後ろから読んでも同じになることばがあります。

1) No, it is opposition.　2) Live not on evil.　3) Madam, I'm Adam.

■アナグラム (Anagrams)

単語の中の文字の順番を入れ替えて別の単語を作るものです。

1) diplomacy → mad policy　2) listen → silent

3) astronomers → no more stars

■ヒンキー・ピンキー (Hinkie pinkie)

ヒントを出して、互いに韻を踏む2音節の語ふたつで答えることば遊びです。

1) overweight kitten → fat cat

2) a drooping flower → lazy daisy

3) a magical creature → a wizard lizard

英文の背景情報
(Background Information)

tongue twister（早口ことば）は、日本語にも「生麦生米生卵」、「蛙ぴょこぴょこ三ぴょこぴょこ合わせてぴょこぴょこ六ぴょこぴょこ」などたくさんありますが、英語にも昔から有名なものから新しく創作されたものまで非常にたくさんあります。

次の例は一番難しい早口ことばとして「ギネス・ブック」に記録されているそうです。

The sixth sick sheik's sixth sheep's sick.
（6番目の病気の家長の6番目の羊は病気だ）

ここでは、次の5つを取り上げて練習してみましょう。

・子音 [b] が頭韻を踏んでいるもの
A Big Black Bug
・[fr]、[f]、[t]、[br] の組み合わせのもの
Fred Fed Tod Bread
・日本人の苦手な [r] と [l] が両方繰り返し出てくるもの
A Rural Ruler
・口をすぼめて言う必要のある [w] を多く含むもの
Wise Wives
・ [θ] と [s] が両方出てくるもの
Three Sick Thrushes

舌がもつれないようにくれぐれもご用心を！

Mini Lecture by トレーナー

今回のテーマ

英語の子音にはどんなものがあるの？

英語の母音は、日本語の母音に比べると数が多いですね。でも英語の子音は、母音に比べてさらに種類も多く、結合の仕方も多様です。ここでは、まず英語の子音の種類を表にまとめてみましょう。

			調音点					
			両唇	唇歯	歯間	歯茎	硬口蓋	軟口蓋
調音方法	破裂音	無声	p			t		k
		有声	b			d		g
	摩擦音	無声		f	θ	s	ʃ	
		有声		v	ð	z	ʒ	
	破擦音	無声					tʃ	
		有声					dʒ	
	鼻音		m			n		ŋ
	流音					l r		
	わたり音		w				j	h

以上24個の子音の中で、このユニットで取り上げた tongue twister に出てくるものを見てみましょう。

1番目では、有声の破裂音 [b] と、破裂音 [b] ＋流音 [l] の子音連結に注意しましょう。2番目には、無声の摩擦音 [f] ＋流音 [r] と有声の破裂音[b]+流音[r]というふたつの子音連結が出てきます。3番目では、流音 [r] と [l] をしっかり区別してください。4番目では、両唇音 [w] が何度も出てきますが、日本語のワ行の子音のように弱くならないように、口をすぼめて発音することに特に注意しましょう。5番目では、無声の摩擦音 [ʃ] と [s] を区別することと、摩擦音 [θ] ＋流音 [r] という子音連結に注意しましょう。

Step 1 リスニング

音声を聞く（Listening）

Track 10-12

肩の力を抜いてまずは聞いてみてください。意味よりも音（特に、リズム、イントネーションなどプロソディ）に注意を傾けながら聞くとよいでしょう。そもそも tongue twister はナンセンスなものが多いですから、この段階で意味がわからなくても一向にかまいません。Track 10 はゆっくりめ、Track 11 はやや速め、Track 12 はネイティブならここまで速く言える人もいるという超高速の参考音声です。

Step 2 プロソディ・トレーニング

①マンブリング（Mumbling）

Track 10-12

完全に聞き取れない音があっても気にしないで、聞こえてきたまま小声で繰り返してみましょう。この段階では、遅いほうのモデル音声を使いましょう。

②プロソディ・シャドーイング（Prosody Shadowing）

Track 10-12

文全体のリズムやイントネーションに注意して、オリジナルの音声を真似ながらシャドーイングしてみましょう。Track 10 のゆっくりめのモデル音声でできるようになったら、Track 11 の少し速いモデルにも挑戦してみましょう。舌がもつれないようにくれぐれも注意してください。

Step 3 テキストの意味チェック

①内容理解のチェック (Comprehension Check)

次のキーワードを確認してみましょう。
左の英単語と右の英語の説明を結びつけてください。

(→解答と訳は*p*.213)

(1) bug •	• (a) made from long fibers twisted together
(2) bleed •	• (b) friendly joking about someone
(3) rural •	• (c) a small insect
(4) ruler •	• (d) to make a high or musical sound by blowing air out through your lips
(5) raillery •	• (e) a brown bird with spots on its front
(6) whistle •	• (f) to lose blood, especially because of an injury
(7) worsted •	• (g) happening in or relating to the country, not the city
(8) waistcoat •	• (h) someone such as a king or queen who has official power over a country or area
(9) thrush •	• (i) a vest

②テキストの意味チェック
(Meaning Check)

Track 10-12

英文を確認し、さらに和訳で意味を確認しましょう。

A Big Black Bug	**大きな黒い虫**
A big black bug bit a big black bear,	大きな黒い虫が 大きな黒い熊を刺した
made the big black bear bleed blood.	大きな黒い熊の 血を流させた。
Fred Fed Ted Bread	**フレッドがテッドにパンを与えた**
Fred fed Ted bread, and Ted fed Fred bread.	フレッドがテッドにパンを与えて、 テッドがフレッドにパンを与えた。
A Rural Ruler	**田舎の支配者**
A rural ruler should be truly rural,	田舎の支配者は 本当の田舎の人であるべきだ
and recognize rural raillery.	そして田舎の人がからかうのを 認めるべきだ。

Wise Wives

Wise wives whistle
while weaving worsted waist-
coats.

賢い奥さんたち

賢い奥さんたちは、口笛を吹く
梳毛(そもう)糸のベストを織
る間。

Three Sick Thrushes

Three sick thrushes
sang thirty-six thrilling songs.

三羽の病気のツグミ

三羽の病気のツグミが
36曲のスリリングな歌を歌った。

Step 4 コンテンツ・トレーニング

コンテンツ・シャドーイング
(Contents Shadowing)

Track 10-12

tongue twister を人前で言ってみるつもりで、聞き手を意識しながらシャドーイングしてみましょう。Track 11 の2番目の速度のモデルでシャドーイングできるようになるまで繰り返し練習してみましょう。なお、Track 12 は先ほども書きましたが、ネイティブならここまで速く言えるという例を参考までに収録したものです。

Step 5 自己評価

①練習成果に対する自己評価 (Self-evaluation)

これまでの練習の成果を自己評価してみましょう。納得のいくところまで練習できたら、できれば録音をしてください。自分のシャドーイングをできるだけ客観的に評価しましょう。なお、自己評価は、一番速いモデルを使って行いましょう。

p.33～で解説した5つの項目ごとにそれぞれ1～5の5段階で評価して、○を付けてください。

②結果の記録と目標クリアの確認
(Record of Result and Check)

最後に、自己採点結果を*p*.218～220の一覧表とグラフに記入しておきましょう。

レーダーチャートを見て、現在の自分の課題は何かをしっかりつかんだら、次のユニットに進んでください。

トレーニングの記録

(1) リズム
5. まったくネイティブ並み　4. ほとんどネイティブ並み　3. 少し不自然
2. かなり日本語的　1. まったく日本語同様

(2) イントネーション（ピッチ、すなわち声の高さの変化）
5. まったくネイティブ並み　4. ほとんどネイティブ並み　3. 少し変化に乏しい
2. かなり平板　1. まったく日本語同様

(3) 英文再生率（どれだけ正確に間違わずに、復唱ができたかの目安）
5. 100%　4. ほぼ再生できた　3. かなり再生できた　2. 半分くらい再生できた
1. あまり再生できなかった

(4) スピード
5. まったく遅れなかった　4. ほとんど遅れなかった　3. 多少遅れた　2. 遅れた
1. ついていけなかった

(5) わかりやすさ（(1)～(4)を加味した，総合的なわかりやすさ「伝達度」）
5. 100%伝わると思う　4. ほぼ伝わると思う　3. かなり伝わると思う
2. 半分くらいは伝わると思う　1. あまり伝わらないと思う

○を付けた数字を下のレーダーチャートに記録しておきましょう。

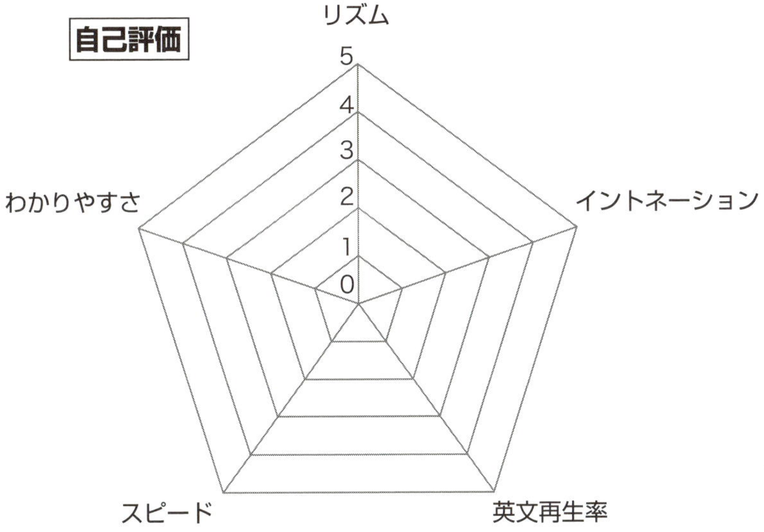

Unit 2

世界最大の旅客機

World's Largest Passenger Aircraft

ナチュラルスピードのVOAスタンダード・ニュースを用いたトレーニングです。アナウンサーになったつもりでどうぞ。

学習法の解説 (Way of Approach)

ここでは、ニュースの英語 VOA (Voice of America) に挑戦します。VOA は1500語の Core Vocabulary を用いてゆっくりした速度で読まれる Special English と、そのような語彙制限を設けず、ナチュラルスピードで読まれる Standard English の両方で放送されていますが、今回は Standard English のニュースを扱います。張り切っていきましょう。

Let's Try!

Track 13

とりあえずテキストを1回シャドーイングしてみましょう。初めて聞く英語をいきなり正確にシャドーイングすることはかなりむずかしいと言っていいでしょう。とにかく思い切ってやってみましょう。

余裕のある方は、*p.*33〜の自己評価の基準に基づき、1回目のシャドーイングを自分で評価し、レーダーチャートに採点を記録してみましょう。最終的な採点と比較するために、色を変えるとよいでしょう。そこで気づいた弱点の克服を、このユニットでの重点目標にすると一層効果的なトレーニングができます。トレーニンの後に再度評価し、成果を確認してみてください。

英文の背景情報
(Background Information)

20世紀末に、航空機による大量輸送時代が到来しましたが、それは、エネルギーや天然資源の大量消費と、それに伴う環境汚染の時代の始まりでもありました。しかし、今世紀になって、より効率的な大型旅客機が登場。初飛行でニューヨークの John F. Kennedy 国際空港に降り立ったパイロットの感想に耳を傾けてみましょう。

Step 1 リスニング

音声を聞く (Listening)

Track 13

肩の力を抜いてまずは聞いてみてください。1回聞いて内容がだいたいわかったら、次に進んでください。わからなかったらもう1回だけ聞いてみてください。その際には、意味内容はもちろんですが、リズム、イントネーションなど、プロソディにも注意を払って聞きましょう。

Step 2 プロソディ・トレーニング

①マンブリング (Mumbling)

Track 13

完全に聞き取れない音があっても気にしないで、聞こえてきたまま小声でつぶやくように繰り返してみましょう。よくわからなくても、聞こえたまま繰り返すことが大切です。

②プロソディ・シャドーイング (Prosody Shadowing)

Track 13

文全体のリズムやイントネーションに注意して、オリジナルの音声を真似ながらシャドーイングしてみましょう。

Step 3 テキストの意味チェック

①内容理解のチェック
（Comprehension Check）

次のキーワードの意味を確認してみましょう。
左の英単語と右の英語の説明を結びつけてください。

（→解答と訳は*p.*213）

(1) megaliner •	• (a) to get something as a result of what you have done
(2) reap •	• (b) a huge passenger airplane
(3) payroll •	• (c) to cause regular discomfort, suffering or trouble to someone
(4) plague •	• (d) going a very long distance without stopping
(5) subsequent •	• (e) the total amount that a particular company pays its workers
(6) publicity •	• (f) to officially accept something large that you have bought
(7) long-haul •	• (g) coming after or following something else
(8) take delivery of •	• (h) the attention that someone or something gets from newspapers, television etc.

Mini lecture by トレーナー

今回のテーマ

音声変化：リエゾン、リダクションって何？

英語の話しことばでは、個々の単語がひとつひとつはっきりと発音されることはまれで、通常さまざまな音声変化を伴いながら連結されて発音されます。シャドーイングする際も、そのような変化に気づいて、モデルの英語を真似るようにするとうまくできるようになるでしょう。また、そうすることで、リスニング力もついてくるはずです。

英語の音声変化には、「短縮」、「消失」、「連結」、「脱落」、「同化」、「弱化」などがありますが、ここでは「連結」（リエゾン）と「弱化」（リダクション）のふたつを見てみましょう。

「連結」とは、an と apple がいっしょに発音されて [ənæpl]（アナプル）となる現象のことです。このユニットのテキストの最初の部分にも出てきますね。“In a weather condition airline pilots ...” の In a が [inə]（イナ）のように発音されます。モデルを聞きながら、「連結」が起こっている個所をチェックしてみてください。

「弱化」とは、音が弱まる現象を起こすことですが、それはどのような時に起こるのでしょうか。英語の単語は、主として意味内容を伝える役割を持つ「内容語」と、主として文法や語句の関係を示す役割を果たしている「機能語」に分けることができます。「機能語」は文の中では通常弱形*で発音されます。たとえば、at は [æt] ではなく、[ət] となるのです。このユニットのテキスト3行目の “Under heavy security and before hundreds of cameras, ...” では、and が [ænd] ではなく、[ənd] と発音され、of が [ɔv] ではなく、[əv] と発音されていますね。このように機能語の発音の弱形を意識しながらシャドーイングするようにしてください。モデルを聞きながら他の個所もチェックしてみましょう。

*強形の発音が弱まったもので、普通、母音にみられます。たとえば、am [ǽm] → [əm]、from [frʌ́m] → [frəm] のようになります。

②テキストの意味チェック
(Meaning Check)

Track 13

英文を確認し、さらに和訳で意味を確認しましょう。

Airbus A380 in New York

In a weather condition airline pilots call "severe clear," you could see it coming almost ten miles away.

Under heavy security and before hundreds of cameras, the Airbus A380, the world's largest passenger aircraft, made a relatively quiet landing on the runway at JFK International Airport in New York.

The man behind the controls of Lufthansa Flight 8940, Chief Pilot Juergen Raps, compares piloting the aircraft to driving an Italian sports car.

Lufthansa Pilot Juergen Raps

"If you imagine a plane of this size and this weight, you imagine it would move like a bus or like a truck, but as I said, if you compare it, it would handle like a Ferrari — it's very responsive at the controls, and it reacts very fast. So you can fly very precisely and at the same time it's very stable. Very nice to fly."

The Airbus's arrival at JFK, complete with passengers and a full crew, marks the first visit by the new so-called megaliner to U.S. soil.

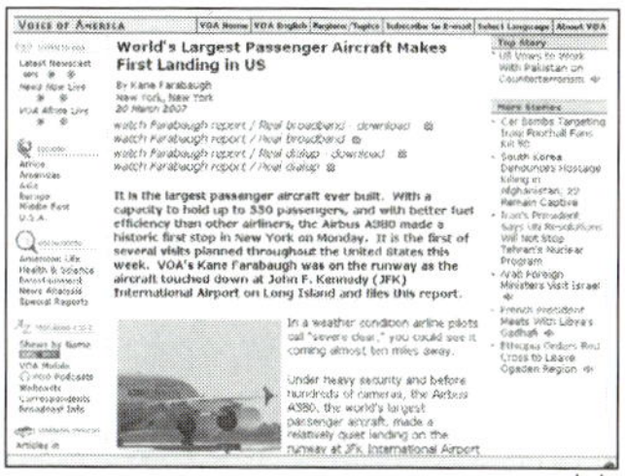

VOICE OF AMERICA | VOA Home | VOA English | Regions/Topics | Subscribe to E-mail | Select Language | About VOA

World's Largest Passenger Aircraft Makes First Landing in US

By Kane Farabaugh
New York, New York
20 March 2007

watch Farabaugh report / Real broadband - download
watch Farabaugh report / Real broadband
watch Farabaugh report / Real dialup - download
watch Farabaugh report / Real dialup

It is the largest passenger aircraft ever built. With a capacity to hold up to 550 passengers, and with better fuel efficiency than other airliners, the Airbus A380 made a historic first stop in New York on Monday. It is the first of several visits planned throughout the United States this week. VOA's Kane Farabaugh was on the runway as the aircraft touched down at John F. Kennedy (JFK) International Airport on Long Island and files this report.

In a weather condition airline pilots call "severe clear," you could see it coming almost ten miles away.

Under heavy security and before hundreds of cameras, the Airbus A380, the world's largest passenger aircraft, made a relatively quiet landing on the runway at JFK International Airport

Top Story
- US Vows to Work With Pakistan on Counterterrorism

More Stories
- Car Bombs Targeting Iraqi Football Fans Kill 50
- South Korea Denounces Hostage Killing in Afghanistan; 22 Remain Captive
- Iran's President Says UN Resolutions Will Not Stop Tehran's Nuclear Program
- Arab Foreign Ministers Visit Israel
- French President Meets With Libya's Gadhafi
- Ethiopia Orders Red Cross to Leave Ogaden Region

voanews.com より

ニューヨークのエアバス A380

定期航空路のパイロットが “severe clear”（猛烈に視界よし）と呼ぶ天候条件の中、10マイルほど先からA380機が視界に入ってきました。

厳しい警戒の下、何百台のカメラが見守る中、世界最大の旅客機エアバスA380はニューヨークのケネディ国際空港の滑走路に比較的静かに着陸しました。

ルフトハンザ8940便の操縦桿を握った機長Juergen Rapsさんは、この飛行機の操縦をイタリアのスポーツカーの運転に例えています。

ルフトハンザのパイロット Juergen Raps

「この大きさ、この重さの飛行機を思えば、バスかトラックのように動くと想像されるでしょうが、申し上げたように、例えるなら、フェラーリのように操縦できるんです。操縦桿の反応がよく、とても速く反応します。それで非常に正確に飛行できますし、同時にとても安定しています。飛行がとてもすばらしいです」

旅客と乗員全員をすべて乗せてケネディ空港に到着したエアバス機は、新しいいわゆる巨大定期旅客機のアメリカへの最初の訪問を記すものでした。

Port Authority Executive Director Anthony Shorris says the historic occasion also marks a new beginning in air travel to and from New York. The city hopes to reap an economic benefit after investing tens of millions of dollars in upgrading the airport to accommodate the new aircraft.

"In the first full year of operations for the A380 we hope it will generate as much as $80 million in economic activity, $30 million or more in payroll and perhaps 1,000 jobs,"

Airbus is also hoping to reap an economic benefit from a project already plagued with difficulties. Two years behind schedule, Airbus has lost more than an estimated $6 billion in forecasted profits that the A380 was supposed to generate.

Airbus A380

The company is hoping today's successful landing in New York and the subsequent arrival of another A380 at Los Angeles International Airport will help reverse some of the negative publicity generated by the production delays.

Not only is the A380 one of the quieter long-haul planes in the skies, it is also one of the most fuel efficient, consuming about 80 miles [130 kilometers] per gallon per passenger seat.

Singapore Airlines takes delivery of the first A380 in October. Lufthansa will begin regular service with the A380 from Frankfurt to JFK in the summer of 2009.

空港当局の執行役員であるAnthony Shorrisさんは、この歴史的な出来事はまた、ニューヨーク発着の空の旅の新しい始まりを記すものでもあると言っています。ニューヨーク市当局は、新しい航空機を受け入れるための空港改良に数千万ドル投資したので、経済的利益を出したいと期待しています。

「A380の運航の最初のまる１年で、経済活動において8000万ドル、給料支払い額が3000万ドルかそれ以上、そしておそらく1000の仕事を生み出すことでしょう」

エアバス社は、既に困難な問題に苦しんでいるプロジェクトから経済的利益を得られることを期待しています。計画より2年遅れることで、エアバス社は、A380が生み出すことになっていた予想利益のおよそ60億ドル以上を失っているのです。

エアバス A380

エアバス社は、今日のニューヨークへの着陸の成功と、続くロサンゼルス国際空港への到着が、生産の遅れによって生み出された否定的な評判をいくらかでも逆転するのに役立つことになればと期待しています。

A380はこれまでより静かな長距離飛行機であるだけでなく、ひとりの乗客席につき１ガロンあたり約80マイル[130キロメートル]飛行できるという最も燃料効率の良いもののひとつでもあるのです。

シンガポール航空は10月に最初のA380を就航させます。ルフトハンザ航空は2009年の夏に、A380によるフランクフルトからJFKまでの定期運行を始めることになっています。

Part 2 シャドーイング

Step 4 コンテンツ・トレーニング

コンテンツ・シャドーイング
(Contents Shadowing)

Track 13

VOAのアナウンサーになったつもりで、聞き手を意識しながらシャドーイングしてみましょう。意味内容をイメージしながら繰り返し練習しましょう。うまく言えない部分は、もう一度文字と意味を確認してから再度練習してみるとよいでしょう。

Step 5 自己評価

①練習結果に対する自己評価 (Self-evaluation)

これまでの練習の結果を自己評価してみましょう。納得のいくところまで練習できたら、できれば録音をしてください。自分のシャドーイングをできるだけ客観的に評価しましょう。今回は放送の英語ですからマイクの前で録音しながら練習すると、アナウンサーになった気分で練習できるでしょう。

*p.*33～で解説した5つの項目ごとにそれぞれ1～5の5段階で評価して、○を付けてください。Let's Try! で行った評価と今回の評価を比べてみましょう。どうですか。きっと伸びていることでしょう。項目によっては大きく伸びているものと、あまり伸びていないものがあるかもしれません。伸びていないところが現在のあなたの課題であると言えます。

②結果の記録と目標クリアの確認
(Record of Result and Check)

最後に、自己採点結果を*p.*218～220の一覧表とグラフに記入しておきましょう。現在の自分の課題は何かをしっかりつかんだら、次のユニットに進んでください。

トレーニングの記録

(1) リズム
5. まったくネイティブ並み　4. ほとんどネイティブ並み　3. 少し不自然
2. かなり日本語的　1. まったく日本語同様

(2) イントネーション(ピッチ、すなわち声の高さの変化)
5. まったくネイティブ並み　4. ほとんどネイティブ並み　3. 少し変化に乏しい
2. かなり平板　1. まったく日本語同様

(3) 英文再生率(どれだけ正確に間違わずに、復唱ができたかの目安)
5. 100%　4. ほぼ再生できた　3. かなり再生できた　2. 半分くらい再生できた
1. あまり再生できなかった

(4) スピード
5. まったく遅れなかった　4. ほとんど遅れなかった　3. 多少遅れた　2. 遅れた
1. ついていけなかった

(5) わかりやすさ((1)～(4) を加味した, 総合的なわかりやすさ「伝達度」)
5. 100%伝わると思う　4. ほぼ伝わると思う　3. かなり伝わると思う
2. 半分くらいは伝わると思う　1. あまり伝わらないと思う

○を付けた数字を下のレーダーチャートに記録しておきましょう。

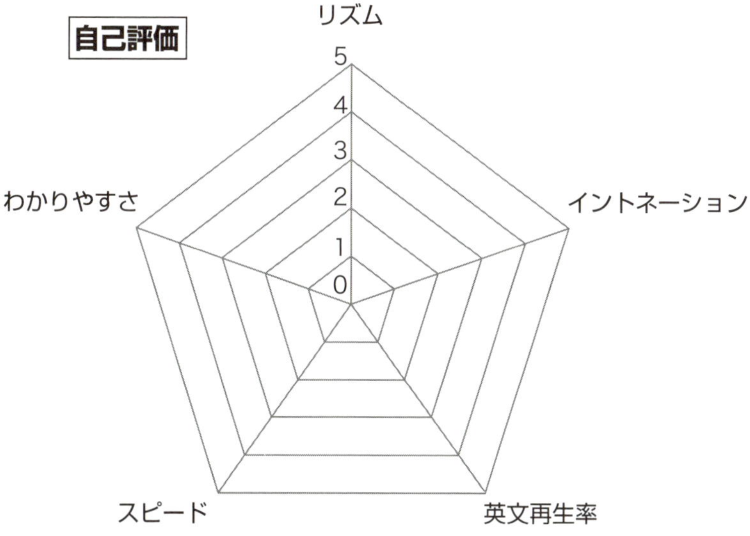

Unit 3

雪女

静かな語りから一転、すごみを帯びるお雪の声の変化、感情の変化にしっかりついてシャドーイングをしましょう。

学習法の解説（Way of Approach）

Part 2のこれまでのユニット同様、シャドーイングによる発音および単語、構文の定着を目指します。本ユニットでは、具体的に次のような目標を掲げています。

シャドーイングの前段階として1分間140wpm程度のストーリーの英語を聞いてシャドーイングができるようにします。まず最初のプロソディ・シャドーイングでは、意識的にモデル音声の発話を、特にリズム、イントネーションに注意しつつ真似るように何度か繰り返し練習します。

次の段階のコンテンツ・シャドーイングでは、意味内容を意識して、感情を込めたシャドーイングができるように練習します。何度も繰り返すことで、自然に口をついて出てくるまで練習するのが目標です。

そして、所定の練習した後は、*p*.33～で解説した客観的な5つのポイントに従って評価し、結果を、*p*.127のレーダーチャートにも書き込みましょう。

Let's Try!

Track 14

まずは、テキストを一度シャドーイングしてみましょう。みなさんにとってはなじみのある話かと思いますが、それでも初めて聞く英語をいきなり正確にシャドーイングすることはかなり困難ではないかと思います。最初はできなくてもよいのでとにかく思い切ってやってみましょう。

余裕のある方は、*p.*33〜の自己評価の基準に基づき、1回目のシャドーイングを自分で評価し、レーダーチャートに採点結果を記録してみましょう。最終的な採点結果と比較するために、色を変えるとよいでしょう。そこで気づいた弱点の克服を、このユニットでの重点目標にするとより効果的なトレーニングができます。トレーニングの後に再度評価し、成果を確認してみてください。

それではテキストを見ないでCDを聞いて、あまり遅れないように気をつけながら、声に出していきましょう。

英文の背景情報
(Background Information)

『雪女』は『宗祇諸国物語』をもとにしたラフカディオ・ハーン（小泉八雲）の『怪談』に収められた英文の作品で、これまでも*Mujina* などと並んで、しばしば中学校・高等学校の英語教科書に収録されています。「雪女」は怪しげながらも、美しい女性として語られることが多く、雪の性質からはかなさを連想させ、類人猿の姿をした雪男とは対照的です。

雪女については、実はさまざまな伝承があります。男のところに美しい女が訪ね、女は自ら望んで男の嫁になりますが、嫁の嫌がるのを無理に風呂に入れると姿がなくなり、男が切り落とした細い氷柱の欠片だけが浮いていた、というような話もあるようです。

ラフカディオ・ハーン（小泉八雲）の『怪談（Kwaidan）』所載の『雪女』の原伝説については、ここ数年研究が進み、島根の家に奉公していた東京都西多摩郡調布村（現在の青梅市中部多摩川沿い）出身の親子から聞いた話がもとになっているようです（http://ja.wikipedia.org/wiki/%E9%9B%AA%E5%A5%B3より）。

本ユニットで扱う個所までのあらすじは次の通りです。

ある冬の寒い日、年老いた茂作と18歳の巳之吉というふたりのきこりが、森から家まで帰る途中、嵐にあって川を渡ることができず、やむをえず舟渡しの小屋に泊まることにしました。

ふたりは嵐がやむのを待っていましたが、すぐに寝入ってしまいました。あまりの寒さに巳之吉がふと目を覚ますと、真っ白なとても美しい女が、茂作に息を吹きかけています。巳之吉が目覚めたのに気がつくと女は彼のほうにやって来て、このまま見逃してやるが、この出来事を誰にも言わないこと、もし言ったら殺す、と言い残して消えていきました。

明け方になって嵐は収まりましたが、茂作は凍死していました。

次の年の冬の夜、巳之吉は背の高い美しい女に出会います。お互いにひかれあったふたりは結婚し、10人もの子どもに恵まれ、幸せな日々が続いていました。

この後は、本ユニットの英文に続きます。

Mini lecture by トレーナー

今回のテーマ

声に感情をのせて読むには？

小説、詩、戯曲、随筆、手紙、スピーチ原稿などの文字で書かれた英語を、書き手や登場人物の意図・気持ちを自分なりに十分に理解した上で、音声言語としてとらえ直し、聞き手に効果的に伝えようとする方法をオーラル・インタープリテーション（oral interpretation）と言います。いわば、効果的な音声コミュニケーションという形で自分の解釈した内容を表現する活動です。

一般に、オーラル・インタープリテーションの学習は、次のようなステップを踏んで行うのがよいでしょう。

ステップ①　まずは、英文の内容をよく読んで内容を理解すること。
ステップ②　語りの部分、テキスト中の登場人物のセリフを区別し、どのような状況（時・場所）で、どのような目的の文章かについてよく考えます。
ステップ③　以上の2点を踏まえて、テキスト中の個々の英文をどう表現するかを決定します。
ステップ④　書き手や登場人物に代わって、聞き手に語るように音読します。

このようにオーラル・インタープリテーションは、本書 Part 3 であつかう音読を発展させたものです。しかし、上記のステップを最初からできる人はあまりいないでしょう。まずは、「みようみまね」が必要です。本ユニットには、すぐれた朗読があります。これを使って、まずお雪や巳之吉の心情をいかに解釈し、表現したらよいかを模倣しながら学んでください。英文テキスト中の各センテンスが、どのように読まれているか、音声CDをもとに何度もシャドーイングしてください。また、書かれた英文に対し、モデル音声をもとに、その朗読や表現の仕方について、自分なりにメモを書くのもいいと思います。そして、音声の支援がなくても、自分で考えて、声に感情をのせられるようになることが大切です。

モデルを聞いて、シャドーイングしながら、個々の語の発音をどうするのかということを十分に意識しましょう。

Step 1 リスニング

音声を聞く（Listening）

練習の最初は、英文テキストを聞く段階です。特にプロソディ（韻律）に注意して聞きましょう。

1回聞いただけでは意味がよくわからないかもしれません。仮に聞いただけでは話の内容がわからなくても、この段階では全然気にしないでください。

Step 2 プロソディ・トレーニング

①マンブリング（Mumbling）

シャドーイングに入る前に、まずは聞こえてきた音をそのまま小声で繰り返してみましょう。音声の全体的な輪郭を捉えて、それを繰り返すことができるというのも、実に大切な技能です。

②プロソディ・シャドーイング（Prosody Shadowing）

韻律音声、特に文全体のリズムやイントネーションのパターンに注意しながら、オリジナルの音声の後について声をしっかり出してみましょう。自然な形で英語の音を楽しむような意識で、オリジナルの音声を真似ることに主眼を置いてシャドーイングをします。

Step 3 テキストの意味チェック

①内容理解のチェック
(Comprehension Check)

英文の内容についての理解チェックです。次の各英文について、内容と合っていればTを、内容と違っているときはFを書き込んでください。

(→解答と訳は*p*.214)

(1) ( ) Minokichi spoke to her when Oyuki was cooking dinner one day.

(2) ( ) Oyuki was much surprised when Minokichi began to speak about the event one year ago.

(3) ( ) Minokichi thought the White Woman on the terrible night was very beautiful.

(4) ( ) Oyuki admitted that she was the white woman on the terrible night.

(5) ( ) Oyuki did not kill Minokichi, but instead she took away the children from him.

②テキストの意味チェック
(Meaning Check)

Track 14

英文を確認し、さらに和訳で細かいところまで意味を確認しましょう。

One night, after the children had gone to sleep, O-Yuki was sewing by the light of a paper lamp; and Minokichi, watching her, said:—

"To see you sewing there, with the light on your face, makes me think of a strange thing that happened when I was a lad of eighteen. I then saw somebody as beautiful and white as you are now — indeed, she was very like you"...

Without lifting her eyes from her work, O-Yuki responded:—
Tell me about her... Where did you see her?

Then Minokichi told her about the terrible night in the ferryman's hut,— and about the White Woman that had stooped above him, smiling and whispering,— and about the silent death of old Mosaku. And he said:—

ある日の夜、子供たちが床についた後で、お雪は提灯の灯りのそばで、縫い物をしていました。じっと見ていた巳之吉が言いました。

「顔に灯りがあたったお前が縫い物をしているのを見ていると、まだ自分が18歳の若者だったときの奇妙な出来事を思い出すよ。そのとき私はちょうど今のお前のように、美しくて、色白の人を見たんだ。本当に、その女はお前にそっくりだよ」

縫い物から目を上げることもなく、お雪は答えた。「その人のことを話して。どこで見たの」

それで巳之吉は、舟渡し小屋の中の恐ろしい夜のことを話しました。自分のほうに前屈みになりながら、笑みを浮かべてささやいた色白の女や、年老いた茂作の静かな死について話しました。そして、続けて言いました。

"Asleep or awake, that was the only time that I saw a being as beautiful as you. Of course, she was not a human being; and I was afraid of her, — very much afraid,— but she was so white!... Indeed, I have never been sure whether it was a dream that I saw, or the Woman of the Snow"...

O-Yuki flung down her sewing, and arose, and bowed above Minokichi where he sat, and shrieked into his face:—

"It was I — I — I! Yuki it was! And I told you then that I would kill you if you ever said one word about it!... But for those children asleep there, I would kill you this moment! And now you had better take very, very good care of them; for if ever they have reason to complain of you, I will treat you as you deserve!"...

Even as she screamed, her voice became thin, like a crying of wind;— then she melted into a bright white mist that spired to the roof-beams, and shuddered away through the smoke-hold... Never again was she seen.

「眠っていたのか起きていたのか、お前のように美しい者を見たのはただその時が1回きりだった。もちろん、その女は人間ではなく、私は怖いと思っていた、とてもそう思っていたが、でもとても色白だった。私が見たのは夢だったのか、それとも雪の女だったのか、その後ずっと定かではないのだよ」

お雪は縫い物を放り出し、立ち上がって、座っている巳之吉の上に前屈みになり、その顔に金切り声で叫びました。

「それは私だよ。この雪なのさ。だから、そのときに、一言でもそのことについて話したら、おまえを殺すと言っただろう。寝ている子供たちがいなければ、この瞬間にもお前を殺してやろうと思う。これからは、おまえは子供たちの面倒をよくよくみるがいい。もし子供たちが、お前のことを不満に思う十分な理由がある場合は、お前をそれ相応の扱いをすることになる」

叫んでいるのにもかかわらず、その声は、風の音のように、小さくなっていきました。そして、彼女は天空の光までらせん状にのびた明るい白い霧の中に溶け込んでいき、震えるように煙の中に消えていきました。その後決して再び、彼女が現れることはありませんでした。

Step 4 コンテンツ・トレーニング

コンテンツ・シャドーイング (Contents Shadowing)

Track 14

再度シャドーイングに挑戦します。今度は意味内容を意識しながら、何度も繰り返し、注意を集中しなくても半ば自動的に口をついて出てくるまで練習しましょう。また、お雪や巳之吉の心情を推察し、彼らになりきって練習することが重要です。お雪の妖怪としての怖さや、若者のお雪に対する気持ちをうまく表現しましょう。そして、内容を誰か別の人に聞かせる気持ちで行ってください。

Step 5 自己評価

①練習結果に対する自己評価 (Self-evaluation)

十分に練習できたでしょうか。納得のいくところまで練習したら、できれば録音をしてください。録音できない場合は、自分の最後のシャドーイングに注意を向けつつ評価をします。

p.33～で解説した5つの項目ごとにそれぞれ1～5の5段階で評価して、右ページのレーダーチャートに○を付けてください。

②結果の記録と目標クリアの確認 (Record of Result and Check)

最後に、自己採点結果を*p*.218～220の一覧表とグラフに記入しておきましょう。現在の自分の課題は何かをしっかりつかんだら、次のユニットに進んでください。

トレーニングの記録

(1) リズム
5. まったくネイティブ並み　4. ほとんどネイティブ並み　3. 少し不自然
2. かなり日本語的　1. まったく日本語同様

(2) イントネーション(ピッチ、すなわち声の高さの変化)
5. まったくネイティブ並み　4. ほとんどネイティブ並み　3. 少し変化に乏しい
2. かなり平板　1. まったく日本語同様

(3) 英文再生率(どれだけ正確に間違わずに、復唱ができたかの目安)
5. 100%　4. ほぼ再生できた　3. かなり再生できた　2. 半分くらい再生できた
1. あまり再生できなかった

(4) スピード
5. まったく遅れなかった　4. ほとんど遅れなかった　3. 多少遅れた　2. 遅れた
1. ついていけなかった

(5) わかりやすさ((1)～(4)を加味した, 総合的なわかりやすさ「伝達度」)
5. 100%伝わると思う　4. ほぼ伝わると思う　3. かなり伝わると思う
2. 半分くらいは伝わると思う　1. あまり伝わらないと思う

○を付けた数字を下のレーダーチャートに記録しておきましょう。

自己評価

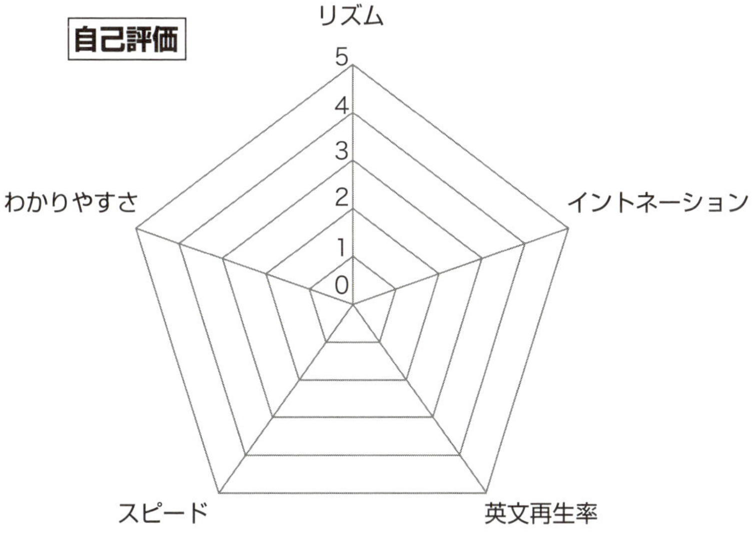

Unit 4

オバマ議員のスピーチ

Senator Obama's Speech

シャドーイング中心の練習の締めくくりは、シンプルな繰り返しを多用し、スピードの緩急をつけて聴衆としっかりとコミュニケーションをとった名スピーチで！

学習法の解説 (Way of Approach)

© GLOBE PHOTOS/NANA通信社

シャドーイングの最後のトレーニングに、自然で説得力のあるネイティブのスピーチを選びました。

2004年のアメリカ民主党全国大会におけるバラク・オバマ議員の、大統領候補ケリー上院議員への応援演説です。時に扇情的に、時につぶやくように聴衆に語りかけるこの演説には、大会の多くの参加者が酔いしれてしまいました。きっと歴史に残る名演説となるでしょう。

噛み砕くように語る、よく似た表現を畳み掛けて印象づける、拍手が止むまでポーズを置き、聴衆としっかりコミュニケーションをはかる、などの特徴が見られます。「キャピトルヒルのタイガー・ウッズ」とも称されるオバマ議員の、シンプルな繰り返しを多用したスピーチには、「ロックスター」と言われるのもさもありなん、というエネルギーとカリスマ性がみなぎっています。

このスピーチの後半から、これらのテクニックを学びましょう。407語を2分35秒で話しています。平均で158wpmです。時々、聴衆の気持ちをつかむために長いポーズをおいた部分もありますから、瞬間的には200wpm近いスピードの部分もあります。リスニングするのさえチャレンジングと言えます。シャドーイングでは少々手ごわいですが、挑戦しがいのある素材です。

Let's Try!

Track 15

完璧を望むのではなく、できなくって当然というつもり挑戦しましょう。熱気あふれる大会会場の雰囲気を感じながら、力強くスピーチが展開されていることを体感するつもりでシャドーイングしてみましょう。トレーニングで徐々に上達するのだという希望を持って！

英文の背景情報
(Background Information)

オバマ議員は1961年に、ケニア人の父とカンザス州出身の白人の母との間にハワイで生まれました。黒人、庶民階級、辺境地出身という逆境を乗り越えてハーバード大学法科大学院に進み、シカゴで弁護士となります。弱者のための弁護士の活動を進め、1997年にイリノイ州議会議員、2004年に連邦議会の上院議員となりました。

このスピーチは2004年の7月、ボストンで開催された米国民主党全国大会でジョン・ケリー大統領候補を応援したときのものです。それまで無名の若い黒人議員が、この演説で、一躍注目されるようになります。11月の大統領選挙では、現職の共和党のジョージ・

W・ブッシュが民主党のジョン・ケリーを激戦の末に下し、再選を果たしました。

スピーチでは、自分の祖父母が苦労して生きながらアメリカや子どもに対して抱いた期待、そして自分の父母が自分に対して抱いた期待について触れ、黒人・庶民階級・辺境の地出身である自分が、アメリカの歴史に脈々とつながるアメリカンドリームを求める米国人の象徴であると聴衆に訴えかけていきます。雇用、医療、教育に関する問題を取り上げながら、すべて政府任せにするのでなく、国民が公正に扱われ、努力すれば報われる国作りをすべきだと論を進めます。随所で一人一人の問題に彼が関心を持っていることを相手にうまく伝えることに成功しています。

例えば、翌週にイラクへ派兵される若者について語り、ホワイトハウスは国民をイラクに送り込む愚をおかすべきでなく、党派人種を超えて国民を一体化させるべきだと主張します。

そして、よく引用される次のくだりが出てきます。

"Well, I say to them tonight, there is not a liberal America and a conservative America — there is the United States of America. There is not a Black America and a White America and Latino America and Asian America — there's the United States of America."

「今夜、(アメリカを分断する考えを持つ)人には次のように言わせてください。リベラルなアメリカ、保守的なアメリカというものはありません。あるのは、多くの州が団結したアメリカ(本来の合衆国)なのです。アメリカには、白人のアメリカも、黒人のアメリカも、ヒスパニックのアメリカも、アジア系のアメリカもありません。あるのは、本来の合衆国なのです」

とスピーチのやま場を迎えます。この後の部分を取り上げたのがこのユニットです。

Step 1 リスニング

音声を聞く（Listening）

Track 15

スピードが速くなっているところは後回しにして、力強く繰り返され、強調されている語句は何かを集中的に聞いてみましょう。

ただ、その際には、意味内容はもちろんですが、リズム、イントネーションなど、プロソディにも注意を払って、聞いてください。

Step 2 プロソディ・トレーニング

①マンブリング（Mumbling）

Track 15

強く発音される語句、畳み掛ける部分、ポーズの置き方に注意を払いマンブリングをしてみましょう。

②プロソディ・シャドーイング（Prosody Shadowing）

Track 15

繰り返されて使用されている I'm talking about... I believe... Hope in the face of...、if you feel the same... that I do. が持つインパクトを意識しながら、文全体のリズムやイントネーションに注意して、オリジナルの音声を真似ながらシャドーイングしてみましょう。

Step 3 テキストの意味チェック

①内容理解のチェック
(Comprehension Check)

演説の内容に合うように a) か b) のどちらかを選びましょう。

(→解答と訳は*p.*214)

(1) What politics does Obama want?

a) A politics of cynicism

b) A politics of hope

(2) Unemployment will go away if we

a) don't think about it.

b) do something about it.

(3) Obama believes that

a) there are better days in the future.

b) there were better days in the past.

(4) Obama wants all people to

a) do what they have to do.

b) wait until a brighter day comes.

Mini lecture by トレーナー

今回のテーマ

説得力をもった演説の方法は？

第2次世界大戦中にイギリスの首相を務めたチャーチルは、ドイツから攻撃を受けて弱気になっていたイギリス国民をユーモアにあふれるスピーチで励ましたことで有名です。

彼はいかなる演説にも必ず原稿を作り暗記しました。レコードに吹き込み、それを聞いてリズムの悪いところや聞き取りにくいところを直すことも行いました。周到な準備と練習がチャーチルの演説に説得力をもたらしていたわけです。注目すべきは、彼は鏡の前で稽古し、鏡に映る自分の身振り、顔つきを直したということです。

私たちが話してコミュニケーションをとる際には、ジェスチャーや表情が大切な働きをしています。内容に即した身振り手振りを入れたり、表情をつけたりすることで説得力を増すことができるのです。また、私たち日本人が、少し体を左右に振ったり、指で机を叩いてリズムを取りながら英語をしゃべると英語らしい発話になることも知られています。

http://jp.youtube.com/watch?v=MNCLomrqIN8
http://jp.youtube.com/watch?v=56-m8wx1mwo

ではオバマ議員の演説が映像で見られます。背筋をピンと伸ばした姿勢、聴衆への熱意にあふれた目線、また、効果的にジェスチャーを利用している様子が確認できます。思い切って真似してみませんか。英語らしいリズム、イントネーションに磨きをかけ、そして説得力のある話し方を目指してみましょう。

オバマ議員は、政治家は見た目が大事であることもよく心得ていて、精悍な短髪におしゃれなワイシャツ、カラフルなネクタイでさわやかな印象を与えています。政治家としての経験が短く、未知数な部分も多いオバマ議員ですが、自分の見せ方を徹底的に知っていると言え、そのことが説得力のある演説に大いに役立っていると言えます。

②テキストの意味チェック
(Meaning Check)

Track 15

英文を確認し、さらに和訳で意味を確認しましょう。

In the end — In the end — In the end, that's what this election is about. Do we participate in a politics of cynicism or do we participate in a politics of hope?

John Kerry calls on us to hope. John Edwards calls on us to hope.

I'm not talking about blind optimism here — the almost willful ignorance that thinks unemployment will go away if we just don't think about it, or the health care crisis will solve itself if we just ignore it. That's not what I'm talking about. I'm talking about something more substantial. It's the hope of slaves sitting around a fire singing freedom songs; the hope of immigrants setting out for distant shores; the hope of a young naval lieutenant bravely patrolling the Mekong Delta; the hope of a millworker's son who dares to defy the odds; the hope of a skinny kid with a funny name who believes that America has a place for him, too.

Hope — Hope in the face of difficulty. Hope in the face of uncertainty. The audacity of hope!

---

cynicism 冷笑
optimism 楽観主義
ignorance 無視
the health care crisis 米国では健康保険に入れない人が中間所得者層にまで広がり始め、健康不良の人が増え、生産現場での効率を下げるなどの心配があり、政府主導の総合保険制度の必要性を訴える声が強くなってきた。
the Mekong Delta 民主党大統領候補のジョン・ケリー氏は、財閥家系にも関わらず海兵隊に入り、ベトナム戦争で危

最後に、最後に、最後に、これがこの選挙が目指していることです。冷笑の政治に参加するのか、希望の政治に参加するのかです。

ジョン・ケリーは我々に希望を持つことを望んでいます。ジョン・エドワード（副大統領候補）は我々に希望を持つことを望んでいます。

私は盲目的な楽観主義――考えないようにすれば失業がなくなるとか、問題を無視するだけで医療保険の危機的な問題が解決する、などと考えるように、ほとんど意図的に無視すること――をここで述べているのではありません。私が述べているのはそんなことではありません。もっと実質的なことなのです。自由の歌を歌いながら焚き火のまわりに座っている奴隷の希望です。はるかな海岸を目指して出発しようとしている移民の希望です。メコンデルタを勇敢に見回る若き海兵隊大尉の希望です。困難をもろともしない木工所の労働者の息子の希望です。アメリカが自分のためにも場所を与えてくれると信じる、おかしな名前を持った痩せた子どもの希望なのです。

希望――困難に直面したときの希望。不確かさに直面したときの希望。希望のもたらす大胆さなのです。

な戦闘地域のひとつ、メコンデルタ地帯で危険な任務に就いた。

a skinny kid オバマ議員のこと

the audacity of hope オバマ上院議員は、憲法のもととなった根本的な思想に立ち返ることでのみ、アメリカ国民は壊れてしまった政治的成長を修復できるという趣旨の著作を2006年に出版し、「希望がもららす大胆さ」をその著書のタイトルとしている。

In the end, that is God's greatest gift to us, the bedrock of this nation. A belief in things not seen. A belief that there are better days ahead.

I believe that we can give our middle class relief and provide working families with a road to opportunity.

I believe we can provide jobs to the jobless, homes to the homeless, and reclaim young people in cities across America from violence and despair.

I believe that we have a righteous wind at our backs and that as we stand on the crossroads of history, we can make the right choices, and meet the challenges that face us.

America! Tonight, if you feel the same energy that I do, if you feel the same urgency that I do, if you feel the same passion that I do, if you feel the same hopefulness that I do — if we do what we must do, then I have no doubt that all across the country, from Florida to Oregon, from Washington to Maine, the people will rise up in November, and John Kerry will be sworn in as President, and John Edwards will be sworn in as Vice President, and this country will reclaim its promise, and out of this long political darkness a brighter day will come.

Thank you very much everybody. God bless you. Thank you.

C-SPAN より

---

bedrock　基盤
righteous　正義の
crossroads　分岐点
be sworn in　宣誓して就任する

結局、それは神の私たちへの最高の贈り物——この国の根底となっているものです。見えないものへの確信です。将来はよき日であるという確信です。

私たちは中産階級の人々に安心を、労働者の家庭に機会への道筋を与えることができると信じます。

失業者には職を、ホームレスには住居を与え、全米の都市の若者を暴力や絶望から立ち直らせることができると信じます。

背中に正義の風が吹いていて、歴史の岐路に立つときに我々は正しい選択をし、直面する挑戦に立ち向かうことができると私は信じています。

アメリカよ！ 今宵、私が感じる同じエネルギーをみなさんが感じるなら、私と同じ緊急性を、私と同じ情熱を、私と同じ希望を感じるなら——しなければならないことを私たちが行うなら、疑いなく、フロリダからオレゴン、ワシントンからメインまで、全米で11月には国民が立ち上がり、ジョン・ケリーは大統領として、ジョン・エドワードは副大統領として宣誓し、この国はその約束を取り戻し、この長い政治的な暗闇から明るい日がやってくるでしょう。

みなさん本当にありがとうございます。神の祝福を。ありがとうございます。

Step 4 コンテンツ・トレーニング

コンテンツ・シャドーイング
(Contents Shadowing)

Track 15

リーダーシップと自信にあふれ、説得力のあるスピーチをするオバマ議員と自分の姿が重なってくるようになればしめたものです。

Step 5 自己評価

①練習結果に対する自己評価 (Self-evaluation)

すべての項目で5を取る必要はありません。苦手な項目の得点を少しでも高められたらいいのです。そして、トータルに見て日本語の音声を排除し、英語の音声回路を自分のものにしましょう。なにより、英語でのスピーチの醍醐味と楽しさを味わうことができれば大成功です。

②結果の記録と目標クリアの確認
(Record of Result and Check)

最後に、自己採点結果を*p.*218～220の一覧表とグラフに記入しておきましょう。

現在の自分の課題は何かをしっかりつかんだら、次のユニットに進んでください。

トレーニングの記録

(1) リズム
5. まったくネイティブ並み　4. ほとんどネイティブ並み　3. 少し不自然
2. かなり日本語的　1. まったく日本語同様

(2) イントネーション（ピッチ、すなわち声の高さの変化）
5. まったくネイティブ並み　4. ほとんどネイティブ並み　3. 少し変化に乏しい
2. かなり平板　1. まったく日本語同様

(3) 英文再生率（どれだけ正確に間違わずに、復唱ができたかの目安）
5. 100%　4. ほぼ再生できた　3. かなり再生できた　2. 半分くらい再生できた
1. あまり再生できなかった

(4) スピード
5. まったく遅れなかった　4. ほとんど遅れなかった　3. 多少遅れた　2. 遅れた
1. ついていけなかった

(5) わかりやすさ（(1)～(4)を加味した，総合的なわかりやすさ「伝達度」）
5. 100%伝わると思う　4. ほぼ伝わると思う　3. かなり伝わると思う
2. 半分くらいは伝わると思う　1. あまり伝わらないと思う

○を付けた数字を下のレーダーチャートに記録しておきましょう。

自己評価

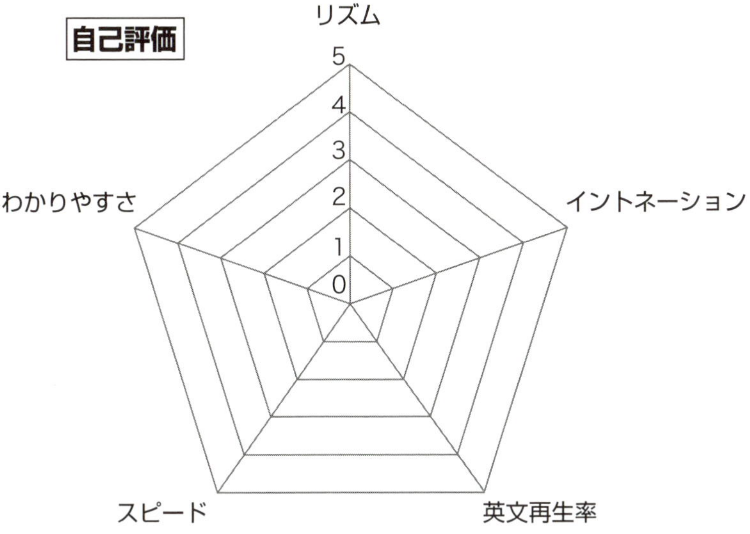

column 03 **役立つサイト案内**

テキスト付きのNASAのサイト

SCIENCE@NASA

http://science.nasa.gov/

宇宙の話題を英語で聞いていると、夜空の星を見上げている時に感じるのと同じような気分になることがあります。このサイトの中の HEADLINE STORIES では、テキストとともに宇宙の写真や図などが必ず掲載されており、それらをクリックすると画面いっぱいに拡大するようになっています。宇宙の画像を見ながら音声に耳を傾けてみてください。きっと英語を聞いていることを忘れて、日常性からしばし脱却できるかもしれませんよ。

何しろ NASA の所蔵する膨大な情報の中から最新のニュースや話題を聞くことができるので、宇宙に関心のある人もない人もきっと面白く聞けるのではないでしょうか。

また、“ More to the story” のセクションには、同じ話題に関する過去の記事のリンクが集められているので、興味のある話題を cross-reference しながらどんどん深く追求していくことができます。

音声はポッドキャストでも配信されているのでとても便利です。

利用法：

1. HEADLINE STORIES の中から興味のあるものを選んでクリックしてください。
2. 画像をクリックしてパソコンの画面いっぱいに拡大して、その画像を見ながら音声に耳を傾けてください。概要がつかめるまで繰り返し聞いてみましょう。
3. 画像を閉じてテキストを見ながらもう一度聞き、細部まで意味を確認していきます。英語はそんなにむずかしくないと思いますが、宇宙関係の単語や表現で初めてのものがあれば、調べておきましょう。
4. 意味が確認できたら、モデルの音声を使って、パラレル・リーディングやシャドーイングの練習をしましょう。
5. 最後に、画像にときどき目をやりながら音読をしてみましょう。宇宙に関する最新の話題を誰かに伝えているつもりで（つまり、聞き手を意識しながら）読むとよいでしょう。

Part 3 音読

Track 21 Track 21の解説参照

シャドーイングできたえて作った脳内の音声データベースを使って、文字と音を直結させるトレーニングです。

Part 3
「音読」の学習のポイント

Part 1の各Unit共通の学習の流れ

学習法の解説 (Way of Approach)

⬇

Let's Try!

⬇

英文の背景情報 (Background Information)

⬇

Step 1　リスニング

音声を聞く (Listening)

⬇

★ Step2　プロソディ・トレーニング

(1) プロソディ・パラレル・リーディング (Prosody Parallel Reading)

⬇

(2) プロソディ音読 (Prosody Oral Reading)

⬇

Step 3　テキストの意味チェック

(1) 内容理解のチェック (Comprehension Check)

⬇

(2) テキストの意味チェック (Meaning Check)

⬇

★ Step4　コンテンツ・トレーニング

(1) コンテンツ音読 (Contents Oral Reading)

⬇

(2) 語句消去音読 (Oral Reading with Blanks)

⬇

Step 5　自己評価

(1) 練習成果の自己評価 (Self-evaluation)

⬇

(2) 結果の記録と目標クリアの確認 (Record of Result and Check)

Track 21 の解説参照

モデル音声がない状態でテキストを音声化する練習

Part 3 の「音読」では、Part 1 および 2 において培った音声処理能力をもとに、モデル音声がない状態で、テキストを見ながらの音声化を効率的にうまくできるようにすることが目標です。

まずは、テキストを一度音読してみましょう。初見の英文をいきなり音読することはかなりむずかしいことです。しかし、音読トレーニングをはじめる以前の状態を把握しておくことは意味があることです。気楽に、かつ思い切ってやってみましょう。

その際、所要時間を測定し、かつ時間的余裕があれば、各ユニット末尾のレーダーチャートに記録してみます。それから練習メニューの Step 1 に入ります。

Step 1「リスニング」では、リズム・イントネーションなどプロソディ（韻律）に注意して聞きます。

Step 2 の「プロソディ・トレーニング」では、まずはモデル音声の雰囲気をつかんでそれを忠実に再生する「プロソディ・パラレル・リーディング」を行います。その上で、モデル音声なしの「プロソディ音読」に入っていきます。直前のプロソディ・パラレル・リーディングを意識して、同じような音読の仕方を心がけます。

ここで英文の意味内容をチェックする Step 3 に入ります。素材の内容に関する設問に答え、解答のチェックをして、注釈や和訳を参考にしながら、英文の意味内容を理解します。

Step 4 は、英文の意味内容に注意を向けた本格的な「音読」、つまり「コンテンツ音読」です。意味内容を、オーラル・インタープリテーション（*p.*119の要領で、誰か別の人に伝えられるように繰り返し練習します。そうすることで、無意識のうちに、自動化した音読ができるようになります。また、カラーシートを使って、ブランクの部分を補いつつ音読すると、単語や英文そのものが、自然と記憶できるようになります。

最後に Step 5 では、それまでの練習の結果を自己評価します。(1)リズム、(2)イントネーション、(3)英文再生率、(4)スピード、(5)わかりやすさ、をできるだけ客観的に評価します。

それでは Part 3 音読のトレーニングをはじめましょう。

Unit 1

有名なことばの引用　その2

Famous Quotations

いよいよ音読のトレーニングをはじめます。最初は、Part1パラレル・リーディングのUnit1に続いて名言の引用です。

学習法の解説（Way of Approach）

これまでのパラレル・リーディングとシャドーイングのトレーニングを通して、みなさんは聞いた音をそのまま口頭で再生することに慣れてきてたことでしょう。音読が中心になるこの Part 3 の練習では、文字情報を直接音声に変換することに焦点を置きます。

最初のこのユニットでは、短めの有名な言葉の引用を取り上げます。Part 2 までのトレーニングで作られてきた英語音声のデータベースを最大限に活用してみましょう。日本語のリズムにならないように、英語らしい音声のデータベースを活用できるかどうか試してみてください。

いきなり音読をするのは難しいので、本格的な音読の練習を始める前に、パラレル・リーディングの練習も行います。パラレル・リーディングで音声の補助も得て、音読のレベルを上げていきましょう。音読練習を経て、自然と暗唱できる程度まで持っていけるとよいですね。

Let's Try!

Track 16

とりあえずテキストを1回音読してみましょう。初見の英文をいきなり正確に音読することは不可能と言っていいでしょう。とにかく思い切ってやってみましょう。

このテキストは121語でできています。* その際、音読するのに何秒かかるか（所要時間）を測定します。次の表で1分で読める語数（wpm=words per minue）が把握できます。これを記録しておきましょう。

秒数	40	50	60	70	80	90	100	110	120	130	140
wpm	182	145	121	104	91	81	73	66	61	56	52

所要時間（秒）	wpm

余裕のある方は、*p.*33〜の自己評価の基準に基づき、1回目の音読を自分で評価し、レーダーチャートに採点を記録してみましょう。最終的な採点と比較するために、色を変えるとよいでしょう。そこで気づいた弱点の克服を、このユニットでの重点目標にすると一層効果的なトレーニングができます。トレーニングの後に再度評価し、成果を確認してみてください。

最初は気持ちを込めて読めなくても気にする必要はありません。とにかく思い切ってやってみましょう。

*以下、タイトルや人物名を除いた本文のみの文字数です。

Man is no more than a reed, the weakest in nature. But he is a thinking reed.

___Blaise Pascal

All our dreams can come true — if we have the courage to pursue them.

___Walt Disney

When one door closes, another opens; but we often look so long and so regretfully upon the closed door that we do not see the one which has opened for us.

___Alexander Graham Bell

Anyone who stops learning is old, whether at twenty or eighty. Anyone who keeps learning stays young. The greatest thing in life is to keep your mind young.

___Henry Ford

Boys, be ambitious, not for money, not for selfish accomplishment, not for that evanescent thing which men call fame. Be ambitious for attainment of all that a man ought to be.

___William S. Clark

英文の背景情報
(Background Information)

ブレーズ・パスカル Blaise Pascal

最初はフランスの数学者、物理学者、哲学者、思想家、宗教家であるパスカルのことばに挑戦していただきました。ブレーズ・パスカルのあまりに有名な『パンセ』の中のことばです。

人間は自然の中では矮小な生き物にすぎないが、考えることによって宇宙を超えるという壮大な考えを表した名言でした。

ウォルト・ディズニー Walt Disney

次に、有名なアニメーション・キャラクター「ミッキーマウス」の生みの親として知られるアメリカの映画制作者ウォルト・ディズニーのことばに挑んでいただきました。

カルフォルニアに建設したディズニーランドは、彼の晩年の一大事業でした。生涯を通じて夢を持ち続け、その実現を追及しました。

アレキサンダー・グラハム・ベル　Alexander Graham Bell

3番目は電話機の発明をし、エジソンと並びアメリカの2大発明家とも言われるグラハム・ベルのことば。実は、スコットランド生まれで、後に、アメリカへ移り、ボストン大学で音声学を教える傍ら、音声の多重伝送を研究しました。母が難聴であったことから、聾唖者に話し方を教えることに興味を持ったと言われています。この研究の最中、偶然に、電磁石を使ったマイクの原理（現在のリボンマイクと同じ原理）を発見しました。

ヘンリー・フォード　Henry Ford

ヘンリー・フォードはアメリカ合衆国出身の企業家です。自動車会社フォード・モーターの創設者で、安価で大量の自動車を組み立てるフォード式生産方式を生み出し大成功を収めました。また、慈善事業にも力を注ぎました。高齢化社会を迎える日本人にぴったりの名文句から学ぶことは多いですね。

ウィリアム・S・クラーク William S. Clark

アメリカの化学者・教育家のウィリアム・クラーク博士の銅像は北海道大学のキャンパスにあります。北海道開拓使に招かれ来日、札幌農学校で教鞭を取り、内村鑑三、新渡戸稲造らの多くの人材を育てました。彼のあまりに有名なことばへのチャレンジはいかがでしたか。

Step 1 リスニング

音声を聞く (Listening)

Track 16

プロソディ・トレーニングに入る前に、まず英文をよく聞いておくことが必要です。ここでは、意味よりも、リズム、イントネーションなどプロソディ（韻律）に注意して聞きます。まず全体を聞くことは、プロソディ音読の前提です。

Step 2 プロソディ・トレーニング

①プロソディ・パラレル・リーディング（Prosody Parallel Reading）

Track 16

いきなりの音読では、意味の切れ目が捉えられない、難解な単語でつまる、発話が日本語の音声に戻ってしまうなどの困難点が出てきたのではないでしょうか。パラレル・リーディングの訓練をここで入れて、英語の音声を取り戻しましょう。自然に適切なポーズを入れて意味のかたまりを滑らかにし、モデルに合わせて英語音声のデータベースを再構築しましょう。最初はプロソディに注意を払い、聞こえた音声をそのまま拾っていきましょう。

②プロソディ音読（Prosody Oral Reading）

Track 16

ふたたび音読に戻ります。パラレル・リーディングを思い出しながら、発音、イントネーション、リズムに注意してテキストを読んでいきます。このステップをうまくやれるかどうかが、音声のレベルアップ成功の鍵を握っています。前段階のプロソディ・パラレル・リーディングが不十分だと、英語音声データベースが定着していないことになります。その状態でモデル音声がないこのステップの訓練に入ると、どんなことが起こるでしょうか。文字は、英語の音声のデータベースを経由せず、日本語の音声データベースを活用化することになります。そのような個所が出てくれば、躊躇なくその部分を繰り返しプロソディ・パラレル・リーディングで鍛えなおしてください。スピードもプロソディ・パラレル・リーディングの速度を保つようにしてください。英語が英語らしくすらすら出てくるようになるまでプロソディ・パラレル・リーディングに遡りながら、根気よく音声のデータベースの構築を目指しましょう。

Step 3 テキストの意味チェック

①内容理解のチェック
（Comprehension Check）

次のキーワードを確認してみましょう。左の英単語と右の英語の説明を結びつけてください。

（解答と訳は*p*.215）

(1) courage •	• (a) being brave when you are in a difficult situation
(2) pursue •	• (b) being known by a lot of people because you did something great
(3) regretfully •	• (c) caring only about yourself and not about other people
(4) ambitious •	• (d) feeling sad because you do not want to do what you are doing
(5) selfish •	• (e) follow something in order to catch it
(6) evanescent •	• (f) having a strong desire to be successful
(7) fame •	• (g) not lasting very long
(8) attainment •	• (h) success in achieving something or reaching a particular level

②テキストの意味チェック
(Meaning Check)

Track 16

和訳で意味を確認してみましょう。

Man is no more than a reed, the weakest in nature. But he is a thinking reed.

___ Blaise Pascal

人間は1本の葦に過ぎない。自然の中で最も弱いものだ。しかし、人間は考える葦である。
ブレーズ・パスカル

All our dreams can come true — if we have the courage to pursue them.

___ Walt Disney

我々の夢はすべて実現する──もしそれを追い求める勇気を持っているなら。
ウォルト・ディズニー

When one door closes, another opens; but we often look so long and so regretfully upon the closed door that we do not see the one which has opened for us.

___ Alexander Graham Bell

ひとつのドアが閉まるとき、別のドアが開く。しかし閉まったドアをいつまでも残念そうに見つめることが多いので、自分のために開いているドアに私たちは気づかない。
アレキサンダー・グラハム・ベル

Anyone who stops learning is old, whether at twenty or eighty. Anyone who keeps learning stays young. The greatest thing in life is to keep your mind young.

___ Henry Ford

20歳であろうと80歳であろうと、学ぶことをやめた人は誰もが老いている。学び続ける人は若いままでいられる。人生で一番大切なことは、心を若く保つことである。
ヘンリー・フォード

Boys, be ambitious, not for money, not for selfish accomplishment, not for that evanescent thing which men call fame. Be ambitious for attainment of all that a man ought to be.

—— William S. Clark

青年よ、大志を抱け。金や利己的な功績のためでなく、名声と呼ばれるあのはかないものを求めてではなく、人間としてあるべきものを身につけようという大志を抱きなさい。 ウィリアム・S・クラーク

Step 4 コンテンツ・トレーニング

①コンテンツ音読 (Contents Oral Reading)

Track 16

いよいよ仕上げの音読です。聞き手を意識して、それぞれの人物になったつもりで音読してみてください。ディズニーが希望に満ちた目で夢について語る場面や、クラーク博士が札幌で若き学生を目の前にして語っている情景を思い描いて音読に取り組んでみましょう。音声再生が自動化されて、語りたい内容がイメージとして湧き上がるようになっていれば、学習すべき内容が内在化されたと考えることができます。

腹式呼吸でしっかり息を吐き出しながら音読することも忘れないでください。できればモデルを発展させて、自分なりの解釈で強調やポーズの置き方を変化させても楽しいですね。ただし、英語音声のデータベースからは離れないことが大事です。できればいくつかの引用句は暗唱まで仕上げてみてはどうでしょうか。

また、音読するのに何秒かかるか（所要時間）を測定して、*p*.145の表でwpmを把握し、初回の記録と比べてみましょう。

所要時間（秒）	wpm

②語句消去音読
(Oral Reading with Blanks)

Track 16

カラーシートを使って、ブランクの部分を補いながら音読してみましょう。うまくとらえることができない個所があったら、その個所を数回、再度音読してください。

Mini Lecture by トレーナー

今回のテーマ

英語の発声法とは？

日本人が日本語をしゃべる時の呼吸法と、英米人が英語をしゃべる時の呼吸法が違うことをご存じでしょうか。日本語をしゃべる時には、実は次のようなおかしな現象がありますが、私たちはあまり気づいていません。

「あのね……」と最初に呼びかける時を考えて貰いたい。

吸った息をはいて一秒か二秒の間をおいて「あのね」のあの音が出てくる。最初の呼びかけの時ですら、いつ息を吸っていつ息を吐いたか、殆ど無意識のうちに勝手な時に声を出す。これがふつうの日本人がしゃべる時の呼吸と発声の関係である。

中津燎子 http://nakatsu-miraijuku.com/diary.htm より

思い当たりませんか。日本語の場合、発声の際に吐き出す息が使われていない場合があるのです。もちろん息をしていなければ声を出すどころではありませんが。吐いたり吸ったりする呼吸と無関係に日本語を発声することに私たちは慣れています。息を吸いながら小さな声で発話することもあります。

しかし英語は、息を吐く時に声を出す方式でしゃべるのが普通です。このことに気づいた中津燎子さんは、著書『なんで英語やるの』（文春文庫）で、腹式呼吸で英語を話すことの大切さを紹介しています。日本人の世界では、

文字を見て音声が出るプロセスを自動化してからもう一度、語句消去音読に挑戦してみてください。ひとつひとつ苦手個所を征服していきましょう。

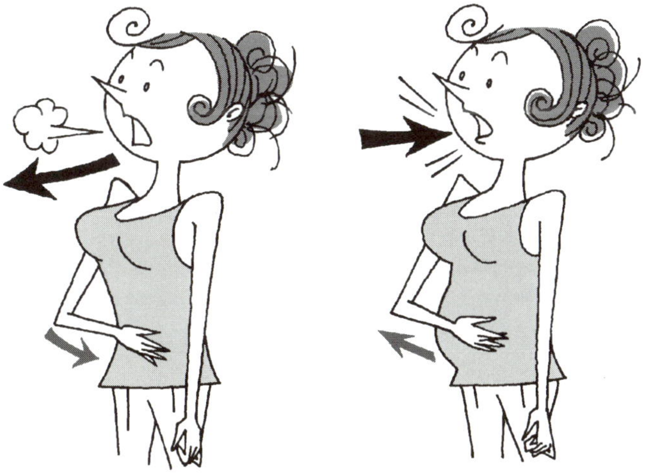

歌う時、どなる時、あるいは、かけ声の時に腹式呼吸を使います。しかし、ネイティブは普通に英語をしゃべる時がこの腹式呼吸です。声量とか強弱に関係ありません。発音やアクセントが完璧でも日本人の話す英語が何か違うのはこの呼吸法を使用しないところからくるようです。つまり日本式の呼吸で英語をしゃべると、たちまち息が不足してしまいます。短くNOとか、GOと言うのでさえ、はっきりしないことも多く見受けられるのもこのためです。

訓練法としては、始めに肺の中の空気を吐き出しながら腹部を凹ませます。息を出し切った状態から、腹筋の反動を利用してすばやく息を吸うのを試してください。当然ながら腹筋の鍛錬が重要です。

英語の発声法はお腹を使う腹式呼吸です。ダイエットにも利くかな？

Step 5 自己評価

①練習成果に対する自己評価（Self-evaluation）

これまでの練習の成果を自己評価してみましょう。納得のいくところまで練習したら、できれば録音をしてください。自分の音読に十分に注意しつつ評価をします。

p.33～で解説した5つの項目ごとにそれぞれ1～5の5段階で評価して、○を付けてください。

②結果の記録と目標クリアの確認（Record of Result and Check）

最後に、自己採点結果を*p*.218～220の一覧表とグラフに記入しておきましょう。

もしまだ課題が残った場合は、それが何かをしっかりつかんで、それを克服してさらに向上できるようにこれからも練習を続けていきましょう。

トレーニングの記録

(1) リズム
5. まったくネイティブ並み　4. ほとんどネイティブ並み　3. 少し不自然
2. かなり日本語的　1. まったく日本語同様

(2) イントネーション（ピッチ、すなわち声の高さの変化）
5. まったくネイティブ並み　4. ほとんどネイティブ並み　3. 少し変化に乏しい
2. かなり平板　1. まったく日本語同様

(3) 英文再生率（どれだけ正確に間違わずに、復唱ができたかの目安）
5. 100%　4. ほぼ再生できた　3. かなり再生できた　2. 半分くらい再生できた
1. あまり再生できなかった

(4) スピード
5. まったく遅れなかった　4. ほとんど遅れなかった　3. 多少遅れた　2. 遅れた
1. ついていけなかった

(5) わかりやすさ（(1)～(4)を加味した，総合的なわかりやすさ「伝達度」）
5. 100%伝わると思う　4. ほぼ伝わると思う　3. かなり伝わると思う
2. 半分くらいは伝わると思う　1. あまり伝わらないと思う

○を付けた数字を下のレーダーチャートに記録しておきましょう。

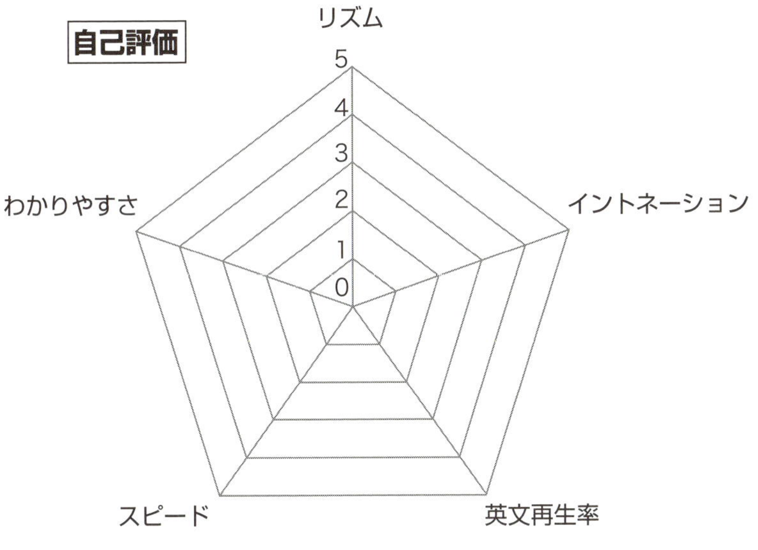

Unit 2

I Am a Thousand Winds

じっくりと詩の内容を理解し、詩の世界のイメージを持ちながらナレーターの声にあわせて練習した後で、音読に挑戦しましょう。

学習法の解説 (Way of Approach)

すでに述べましたが、Part 3 は、**音読**を中心に、発音と文字との統合を目指します。すなわち、Part 1、Part 2 の練習を経て培った音声を知覚し、それを正確に発音する能力をもとに、モデル音声がなくても文字を自然な発音で再生できるようになることが目標です。

Unit 1 では名言を素材に音読の練習をしました。本 Unit では、これを受けて、英語の詩にチャレンジです。ここでは、Part 2 Unit 3 の「Mini Lecture by トレーナー」のコーナーで解説したオーラル・インタープリテーションの要領を思い出してください(→ *p*.119)。じっくりと詩の内容を理解し、その上で何度も練習して、聞き手に語るように音読ができるようになることが目標です。

Let's Try!

Track 17

とりあえずテキストを1回**音読**してみましょう。初見の英文、しかも情感あふれる英詩をいきなり感情豊かに音読することは至難の業と言っていいでしょう。また、音読の際に何秒かかるか（所要時間）を測定し、記録しておきます。

後で聞くネイティブのモデルでは87語の文章を50秒で読んでいます。同じ50秒か、60秒（1分）以内で最後まで到達できるといいですね。次の換算表で1分で読める語数（wpm）が把握できます。これを記録しておきましょう。

秒数	30	35	40	45	50	55	60	65	70	75	80
wpm	174	149	131	116	104	95	87	80	75	70	65

所要時間（秒）	wpm

余裕のある方は、*p*.33〜の自己評価の基準に基づき、1回目の音読を自分で評価し、レーダーチャートに採点結果を記録してみましょう。最終的な採点と比較するために、色を変えるとよいでしょう。そこで気づいた弱点の克服を、このユニットでの重点目標にすると一層効果的なトレーニングができます。トレーニングの後に再度評価し、成果を確認してみてください。

最初は気持ちを込めて読めなくても気にする必要はありません。とにかく思い切ってやってみましょう。

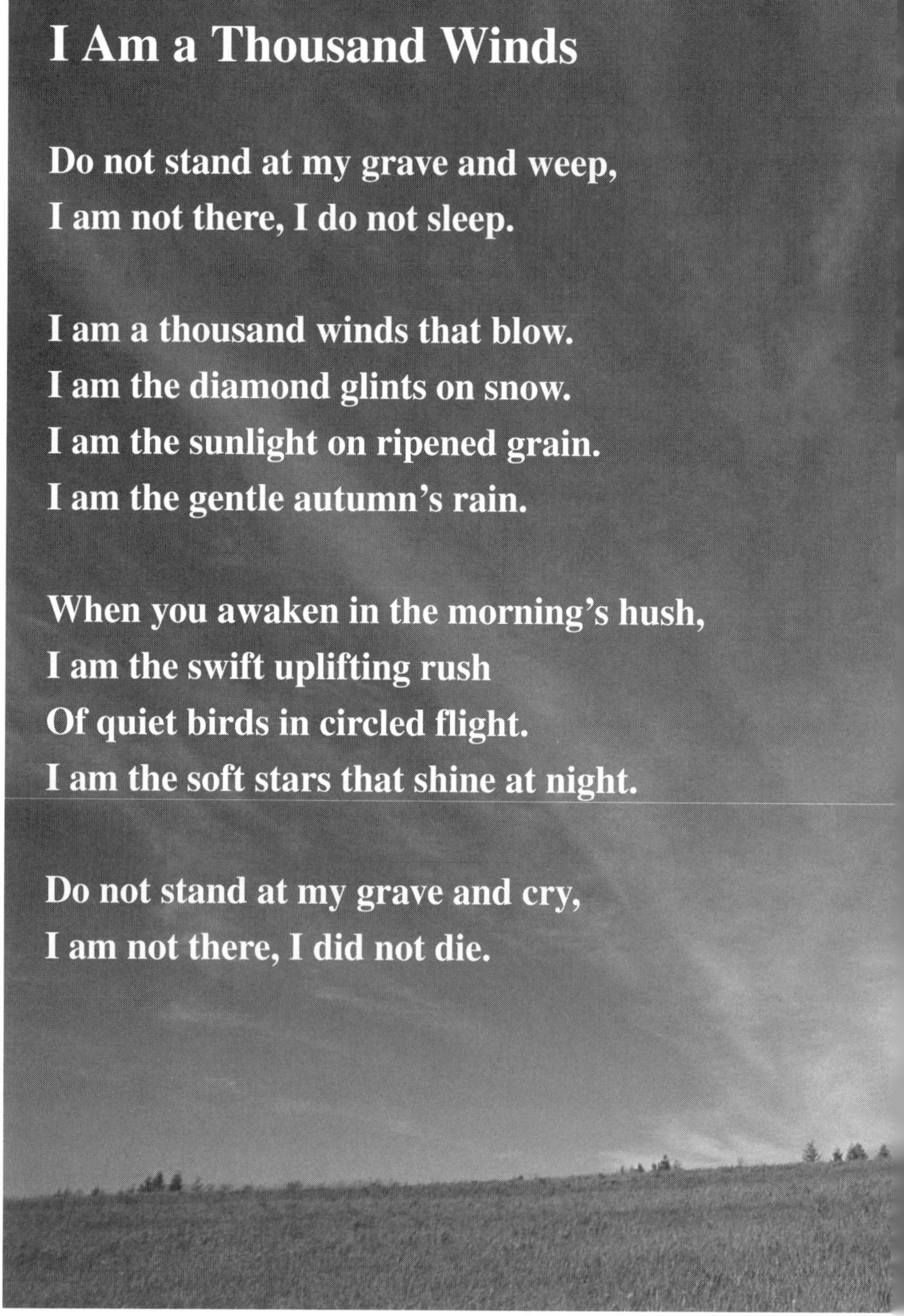

I Am a Thousand Winds

Do not stand at my grave and weep,
I am not there, I do not sleep.

I am a thousand winds that blow.
I am the diamond glints on snow.
I am the sunlight on ripened grain.
I am the gentle autumn's rain.

When you awaken in the morning's hush,
I am the swift uplifting rush
Of quiet birds in circled flight.
I am the soft stars that shine at night.

Do not stand at my grave and cry,
I am not there, I did not die.

英文の背景情報
(Background Information)

米国など様々な国で行われる戦争記念日、慰霊祭では、必ずと言ってよいほどこの詩が登場して、遺族の心を和らげています。しかし、とても有名な詩であるにもかかわらず、原作者については、あまりよくわかっていません。資料が少ないのがその理由です。

日本でも、2006年末の紅白歌合戦にて、新井満氏による日本語の作詞で、秋川雅史 氏(テノール歌手)によって歌われ、好評を博しました。それ以来、大ヒットになったのを覚えている方も多いと思います。

この詩は、人は亡くなっても、墓の中にじっとしているのではなく、実はすぐ身近に存在する風になって、見守ってくれているというメッセージを伝えています。このように考えるとほっと救われる思いがする人も多いことでしょう。ことばの贅を尽くさず、I am... で始まる、単調な出だしに終始していますが、そのために一層純朴な優しい気持ちが読む人に伝わる詩であると言えます。「千の風」になった気持ちで、味わい、音読するようにしましょう。

また、英詩の各行は韻を踏んでいます。例えば、weep と sleep、blow と snow、grain と rain、hush と rush、flight と night、cry と die という具合に、すべて2行ずつ一部同音の単語が使われています。これは英語母語話者にとっては、実に心地よい感覚を持つようです。この点も意識して音読してください。

Mini Lecture by トレーナー

今回のテーマ

ポーズはどのように配置したらいいの？

ポーズ（間）のない発話は「間抜け」な発話です（笑）。ポーズには、うまくことばが続かず、次にどんな単語を使って、どう文を言ったらいいのかわからないときに生じるもの（これを hesitation pause と呼びます）と、聞き手がわかりやすいように適当な個所（特に句や節の切れ目）に意図的に置いてやるもの（これを juncture pause と言います）という2種類があります。

後者の juncture のポーズはなぜ聞き取りに役立つのでしょうか。聞き手は、一気に発話された内容を、このポーズの間に処理し、一時的に覚えておくことができるようになります。ずっとポーズのない連続音声を聞くのは、母語でもつらいものです。また、ポーズを句や節の切れ目などに効果的に置くことで、聞き手に余韻を与えるという効果もあります。

ではこのポーズとポーズの間、つまりいっきに発音されている個所は、どのように理解されるのでしょうか？　このいっきに発声される語句は、しばしばチャンク（chunk）と言われます。これは、いくつかの単語の集まりでありながら、あたかも家を建てるときのプレハブのように、文をつくる際の主な骨子になる単語の連なりです。例えば、The thing (fact /point) is that ...、That reminds me of... のような決まり文句や、kick the bucket、rain cats and dogs などといったイディオム（idioms）のような固定化されたものが当てはまります。

こういった語の連なりは、英語には実に多くあります。そして、英語の文を理解するときの実質的な土台になります。文を理解するときでも、ひとつひとつの単語に分解して理解するよりも、このようなチャンクで切ることで、ひとつのまとまりとしてどのような意味なのかを理解でき、負担なく処理できます。また、このチャンクは同時に、英文を頭の中でつくって発話する際の土台でもあります。文を発する際に、ひとつひとつの単語から出発するよりも、このようなチャンクを知っていて、それを頭の中から検索してきて発音することで、より自動化されたスピーキングが可能になるのです。よくみかける語句（チャンク）は、丸ごと覚えてしまうことです。

ポーズをどこに配置するか、すなわちポーズとポーズの間でいっきに発音されるチャンクを十分に意識して、朗読してみてください。きっと、単に目で追うよりは、もっと肌で詩などの英文テキストの意味が実感できるようになることでしょう。

Step 1 リスニング

音声を聞く (Listening)

Track 17

プロソディ・トレーニングに入る前に、まず英文をよく聞いてみましょう。ここでは、意味もさることながら、リズム、イントネーションなどプロソディ（韻律）によく注意して聞きます。

Step 2 プロソディ・トレーニング

①プロソディ・パラレル・リーディング (Prosody Parallel Reading)

Track 17

モデル音声を聞きながら、テキストの音読をします。多くの人々の心をつかんだ英詩の音声の雰囲気をキャッチして練習することが大切です。自分流の日本語的な発音にならないように、しっかり丸ごとまねるように声に出してみてください。これが大切です。

②プロソディ音読 (Prosody Oral Reading)

Track 17

今度は、いよいよモデル音声なしの音読です。直前に行ったプロソディ・パラレル・リーディングのモデルの音声を思い出しながら、音の強弱や高低の変化に注意しつつ、また各行末の発音が韻を踏んでいることにも注目しながら音読します。また、ポーズの位置もどのように置かれていたか意識しながらやってみましょう。何度か繰り返して、英文がすらすら音読できるようになったら次のステップに進みましょう。

Step 3 テキストの意味チェック

①内容理解のチェック
(Comprehension Check)

次の英語による説明（定義）は、詩の中に出てくるどの語のことを示しているのでしょうか。再度、詩をCDで聞くか、次の「②テキストの意味チェック」の英文を見て、その語を書き入れましょう。

（解答と訳は*p*.216）

(1) A burial place of dead persons (　　　　　　)

(2) To shed tears as an expression of grief (　　　　　　)

(3) A flow or movement of air (　　　　　　)

(4) Moving with great speed (　　　　　　)

(5) To raise to a higher level (　　　　　　)

②テキストの意味チェック
(Meaning Check)

Track 17

理解が難しい単語や言い回しはありませんか。再度英文（詩）を読んで、よく理解できなかった個所を中心に確認しましょう。

I Am a Thousand Winds

Do not stand at my grave and weep,
I am not there, I do not sleep.

I am a thousand winds that blow.
I am the diamond glints on snow.
I am the sunlight on ripened grain.
I am the gentle autumn's rain.

When you awaken
　in the morning's hush,
I am the swift uplifting rush
Of quiet birds in circled flight.
I am the soft stars that shine at night.

Do not stand at my grave and cry,
I am not there, I did not die.

千の風になって（作者不詳）

私のお墓の前に立って
　泣かないでください
私はそこにはいません　眠って
　なんかいません

私は千の風になっています
私は雪の中のダイヤモンドのき
　らめきです
私は熟した穀物にふりそそぐ陽
　の光です
私は優しい秋の雨です

あなたが朝の静けさの中で目を
　さますとき
私は弧を描いて飛ぶ
　静かな鳥とともにいる
さっと上に吹く気流です
私は夜に輝く柔らかな光を放つ
　星です

私のお墓の前に立って
　泣かないでください
私はそこにいません
私は死んでなんかいないのです

Step 4 コンテンツ・トレーニング

①コンテンツ音読
(Contents Oral Reading)

Track 17

いよいよ内容を意識した本格的な音読です。今度は千の風の立場になったつもりで音読しましょう。この詩は生きている人々へのあたたかさ、思いやりに満ちています。多くの人を救う詩です。その風の気持ちを誰か別の人に向けてうまく表現することを意識しつつ、音読を繰り返し練習しましょう。*p*.119で説明したオーラル・インタープリテーションの要領を参考にしてください。何度も繰り返すことで、あまり意識しなくても、自分自身無意識のうちに、詩の中に入っていくことができるようになります。

また、音読するのに何秒かかるか所要時間を測定して、*p*.159の表でwpm を把握し、初回の記録と比べてみましょう。

所要時間(秒)	wpm

②語句消去音読
(Oral Reading with Blanks)

Track 17

カラーシートを使うと一部の語句が見えなくなります。シートを使いながら、ブランクの部分を補いつつ情感あふれる詩を音読してみましょう。もしうまく補えない個所があったら、ひとつ前のステップに戻って再度音読をしてから、もう一度語句消去音読に挑戦してみてください。あまり長い詩ではありませんので、暗誦できれば最高でしょう。

Step 5 自己評価

①練習成果に対する自己評価（Self-evaluation）

これまでの練習の成果を自己評価してみましょう。納得のいくところまで練習したら、できれば録音をとってください。コンテンツ音読における自分の読み方に十分に注意しつつ、できるだけ客観的な評価をします。

音読についての自己評価のポイントは、千の風になりきって内容を意識しつつ音読しながらも、せっかくこれまでの音声トレーニング（パラレル・リーディング、シャドーイング）で練習した、韻律音声がそのまま音読の場合にも同じように再現できているかということです。すなわち、英文の (1) リズム、(2) イントネーションが、強弱を対照させる、また高低を意識させるような形で、発声されているかどうかという点にあります。もし、モデル音声がないと、すぐに日本語式の発音に移行してしまうという方は、パラレル・リーディングやシャドーイングを何度も繰り返されることをおすすめします。

それでは、*p*.33〜で解説した5つの項目ごとにそれぞれ1〜5の5段階で評価して、○を付けてください。

②結果の記録と目標クリアの確認
（Record of Result and Check）

最後に、自己採点結果を*p*.218〜220の一覧表とグラフに記入しておきましょう。一覧表を見れば、これまでの練習によってかなり向上したことがきっと実感できることでしょう。もしまだ課題が残った場合は、それが何かをしっかりつかんで、さらに向上できるように次のユニットの練習を続けていきましょう。

トレーニングの記録

(1) リズム
5. まったくネイティブ並み　4. ほとんどネイティブ並み　3. 少し不自然
2. かなり日本語的　1. まったく日本語同様

(2) イントネーション（ピッチ、すなわち声の高さの変化）
5. まったくネイティブ並み　4. ほとんどネイティブ並み　3. 少し変化に乏しい
2. かなり平板　1. まったく日本語同様

(3) 英文再生率（どれだけ正確に間違わずに、復唱ができたかの目安）
5. 100%　4. ほぼ再生できた　3. かなり再生できた　2. 半分くらい再生できた
1. あまり再生できなかった

(4) スピード
5. まったく遅れなかった　4. ほとんど遅れなかった　3. 多少遅れた　2. 遅れた
1. ついていけなかった

(5) わかりやすさ（(1)～(4)を加味した，総合的なわかりやすさ「伝達度」）
5. 100%伝わると思う　4. ほぼ伝わると思う　3. かなり伝わると思う
2. 半分くらいは伝わると思う　1. あまり伝わらないと思う

○を付けた数字を下のレーダーチャートに記録しておきましょう。

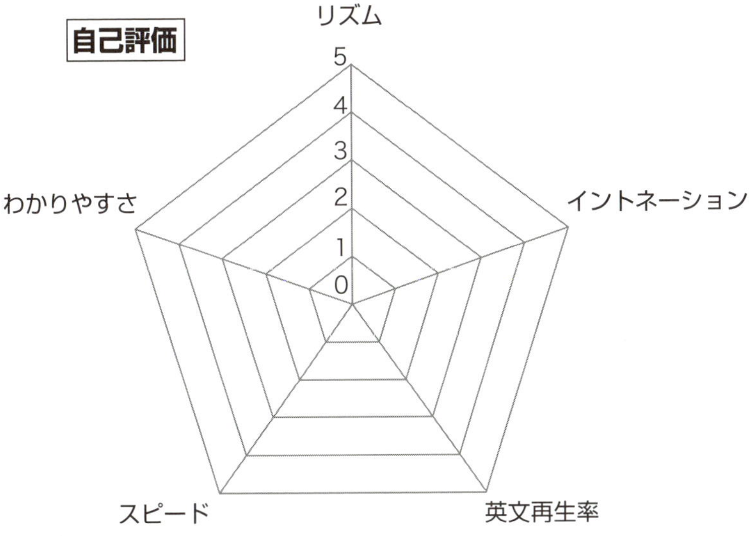

Part 3 音読

Unit 3

幸福の王子
The Happy Prince

オスカー・ワイルドの珠玉の名作童話『幸福の王子』の一節を、登場人物の気持ちになりきるまで音読練習してみましょう。

学習法の解説 (Way of Approach)

3つ目の音読練習では、文学作品の登場人物の気持ちを込めて音読ができるようになることを目標とします。

長い単語を滑らかに、意味のかたまりを一気に、強弱のリズムを保ちながら読めるようにするために、パラレル・リーディングの練習を入れながら進めていきます。

最初は、たどたどしい音読からのスタートだったとしても、段階を踏んだ練習を積んで、モデル音声と同様の速度でついていけるレベルまでもっていきましょう。

語りの部分では、自分なりの解釈を含んだ音読ができるように、また、登場人物の王子様とツバメのセリフに関しては、その役になりきってやれるまで音読してみましょう。

Let's Try!

Track 18

テキストを取りあえず１回音読してみましょう。初見の英文をいきなり正確に音読することはかなり難しいと言っていいでしょう。とにかく思い切ってやってみましょう。

また、音読の際、何秒かかるか（所要時間）を測定し、記録しておきましょう。

後で聞くネイティブのモデルでは307語の文章を135秒で読んでいます。180秒（3分）程度で最後まで到達できるといいですね。次の換算表で１分で読める語数（wpm）が把握できます。これを記録しておきましょう。

秒数	110	120	130	140	150	160	170	180	190	200	210
wpm	167	154	142	132	123	115	108	102	97	92	88

所要時間（秒）	wpm

余裕のある方は、*p*.33〜の自己評価の基準に基づき、1回目の音読を自分で評価し、レーダーチャートに採点を記録してみましょう。最終的な採点と比較するために、色を変えるとよいでしょう。そこで気づいた弱点の克服を、このユニットでの重点目標にすると一層効果的なトレーニングができます。トレーニングの後に再度評価し、成果を確認してみてください。

最初はプロのナレーターのように上手に読めなくても気にする必要はありません。とにかく思い切ってやってみましょう。

The Happy Prince より

[Oscar Wilde 作]

'Swallow, Swallow, little Swallow,' said the Prince, 'far away across the city I see a young man in a garret. He is leaning over a desk covered with papers, and in a tumbler by his side there is a bunch of withered violets. His hair is brown and crisp, and his lips are red as a pomegranate, and he has large and dreamy eyes. He is trying to finish a play for the Director of the Theatre, but he is too cold to write any more. There is no fire in the grate, and hunger has made him faint.'

'I will wait with you one night longer,' said the Swallow, who really had a good heart. 'Shall I take him another ruby?'

'Alas! I have no ruby now,' said the Prince; 'my eyes are all that I have left. They are made of rare sapphires, which were brought out of India a thousand years ago. Pluck out one of them and take it to him. He will sell it to the jeweller, and buy food and firewood, and finish his play.'

'Dear Prince,' said the Swallow, 'I cannot do that'; and he began to weep.

'Swallow, Swallow, little Swallow,' said the Prince, 'do as I command you.'

So the Swallow plucked out the Prince's eye, and

flew away to the student's garret. It was easy enough to get in, as there was a hole in the roof. Through this he darted, and came into the room. The young man had his head buried in his hands, so he did not hear the flutter of the bird's wings, and when he looked up, he found the beautiful sapphire lying on the withered violets.

'I am beginning to be appreciated,' he cried; 'this is from some great admirer. Now I can finish my play,' and he looked quite happy.

英文の背景情報
(Background Information)

『幸福な王子』*The Happy Prince*（1888年）は、アイルランド出身の劇作家オスカー・ワイルドによって書かれた、博愛と自己犠牲を象徴的に描いた名作です。

＜英文を理解するための物語の前半の簡単なあらすじ＞

ある街に幸福な王子の像が立っていました。両目にはサファイア、腰の剣にはルビーが輝き、体は金箔です。しかし、王子にはこの場所から、生きていたときには見えなかった不幸な人々のことが見えるようになりました。そして、自分の宝石をあげてきてほしいとエジプトに旅に出ようとしていたツバメに頼むようになります。ツバメは言われた通り、ルビーを病気の子どもがいる貧しい母親に持って行きました。さらに、王子はある人物のことを救おうとしました。

その人物とはどんな人だったでしょうか。

Step 1 リスニング

音声を聞く (Listening)

Track 18

プロソディ・トレーニングに入る前に、まず英文をよく聞いてみることが必要です。ここでは、意味よりも、リズム、イントネーションなどプロソディ（韻律）に注意して聞きます。まず全体を聞いておくことは、プロソディ音読の前提です。

Step 2 プロソディ・トレーニング

①プロソディ・パラレル・リーディング (Prosody Parallel Reading)

Track 18

音読の際、意味の切れ目がどうもおかしいと思ったところはなかったでしょうか。pomegranate、sapphire、appreciated などの長い単語はどうでしたか。また、文字から音声の再生になりますと、ついつい日本語としての音を代用してしまうのが普通です。パラレル・リーディングでこれらの弱点を補強しましょう。

パラレル・リーディングではモデルと同じスピードで読むことを目指すことに意義があります。その際、モデルがどこにどんな長さのポーズを置いているか、強弱のリズムはどうなっているかなどに注意することで、ネイティブの息づかいを体感できるのがこの練習の利点です。

CDでは307語の文章を2分15秒（136wpm）で読んでいます。最初、速すぎてついていけない部分は、マンブリングでかまいませんので、音声を忠実に再現することを目指してパラレル・リーディングをしてください。自信を持ってパラレル・リーディングができるまで、繰り返し練習を行いましょう。

注意することは、テキストはあくまで補助として使い、モデルの音声の忠実な再現に力をそそぐことです。テキストに書かれた文字を見て、自動的に英語の音声を口頭で再生できるように繰り返し練習しましょう。

②プロソディ音読
(Prosody Oral Reading)

Track 18

今度は、いよいよモデル音声を聞かずに音読を行います。直前に行ったプロソディ・パラレル・リーディングを思い出しながら、音の強弱や高低の変化に注意しつつ、音読します。また、ポーズの位置もどのように置かれていたか意識しながらやってみましょう。何度か繰り返して、英文がすらすら音読できるようになったら、次のステップに進みましょう。

Mini Lecture by トレーナー

今回のテーマ

状況の違いからイントネーションは変わるの?

王子がツバメに呼びかける場面が二度あります。状況の違いからイントネーションにかなりの違いが聞き取れますね。最初は王子は遠くにいる若者を助けたい気持ちをこめて Swallow, Swallow, little Swallow とツバメを呼び寄せます。

2回目の場合はどうでしょうか。片目を取り出すことを嫌がり泣き出したツバメをなだめながら説得するように王子は呼びかけています。呼びかけの意図が違うわけですね。

このように、状況や場面をしっかり把握すると自然とイントネーションに違いが生まれます。怒っている時、悲しんでいるとき、うれしい時、などを感情豊かに音声で表すためにイントネーションが果たす役割は重要です。様々な素材に触れて豊かな感情表現を身につけたいものです。

Step 3 テキストの意味チェック

①内容理解のチェック
(Comprehension Check)

大まかな内容を次の選択問題で確認してみましょう。

(解答と訳は*p*.216)

(1) Who did the Prince want to help?
a) A writer b) A director c) A jeweller

(2) What was the problem?
a) The young man had no house.
b) It was too hot in the room to do his job.
c) The room was too cold and the man was too hungry.

(3) What did the Prince want to give to the person?
a) One of his eyes b) Violets c) A pomegranate

(4) Why did the swallow begin to weep?
a) He was not able to help the man.
b) The man was so poor.
c) The Prince was going to lose his eye.

(5) Why was it easy for the swallow to get in the room?
a) Because the widow was open.
b) Because the person was asleep.
c) Because there was a hole in the roof.

(6) What did the person think of the sapphire on the violets?
a) One of his fans sent it to him.
b) It was so beautiful that he couldn't believe it.
c) It was a gift from God.

②テキストの意味チェック (Meaning Check)

Track 18

和訳で意味を確認してみましょう。

'Swallow, Swallow, little Swallow,' said the Prince, 'far away across the city I see a young man in a garret. He is leaning over a desk covered with papers, and in a tumbler by his side there is a bunch of withered violets. His hair is brown and crisp, and his lips are red as a pomegranate, and he has large and dreamy eyes. He is trying to finish a play for the Director of the Theatre, but he is too cold to write any more. There is no fire in the grate, and hunger has made him faint.'

'I will wait with you one night longer,' said the Swallow, who really had a good heart. 'Shall I take him another ruby?'

'Alas! I have no ruby now,' said the Prince; 'my eyes are all that I have left. They are made of rare sapphires, which were brought out of India a thousand years ago. Pluck out one of them and take it to him. He will sell it to the jeweller, and buy food and firewood, and finish his play.'

'Dear Prince,' said the Swallow, 'I cannot do that'; and he began to weep.

'Swallow, Swallow, little Swallow,' said the Prince, 'do as I command you.'

So the Swallow plucked out the Prince's eye, and flew away to the student's garret. It was easy enough to get in, as there was a hole in the roof. Through this he darted, and came into the room. The young man had his head buried in his hands, so he did not hear the flutter of the bird's wings, and when he looked up, he found the beautiful sapphire lying on the withered violets.

'I am beginning to be appreciated,' he cried; 'this is from some great admirer. Now I can finish my play,' and he looked quite happy.

---

garret　屋根裏部屋
a bunch of...　ひと束の……
withered violet　枯れたスミレ
crisp　縮れた
pomegranate　ザクロ
the Director of the Theatre　劇場の支配人
grate　暖炉
faint　意識を失う

「ツバメよ、ツバメよ、小さなツバメよ」と王子は言いました。「ずっと向こう、町の反対側にある屋根裏部屋に若者の姿が見える。彼は紙であふれた机に頭をもたげている。傍らにあるタンブラーには、枯れたスミレがひと束さしてある。彼の髪は茶色で細かく縮れ、唇はザクロのように赤く、大きくて夢見るような目をしている。彼は劇場の支配人のために芝居を完成させようとしている。けれど、あまりにも寒いのでもう書くことができない。暖炉には火はなく、空腹のために気を失わんばかりになっている」

「もうひと晩、あなたのところに泊まりましょう」よい心をほんとうに持っているツバメは言いました。「もうひとつルビーを持っていきましょうか」

「ああ！　もうルビーはないのだよ」王子は言いました。「残っているのは私の両目だけだ。 私の両目は珍しいサファイアでできている。これは1000年前にインドから運ばれてきたものだ。私の片目を抜き出して、彼のところまで持っていっておくれ。彼はそれを宝石屋に売って、食べ物と薪を買って、芝居を完成させることができるだろう」

「王子様、私にはできません」とツバメは言いました。そしてツバメは泣き始めました。

「ツバメよ、ツバメよ、小さなツバメよ」と王子は言いました。「私が命じたとおりにしておくれ」

そこでツバメは王子の目を取り出して、屋根裏部屋へ飛んでいきました。屋根に穴があいていたので、入るのは簡単でした。ツバメは穴を通ってさっと飛び込み、部屋の中に入りました。その若者は両手の中に顔をうずめていたので、鳥の羽ばたきは聞こえませんでした。そして若者が顔を上げると、そこには美しいサファイアが枯れたスミレの上に乗っていたのです。

「私も世の中に認められ始めたんだ」若者は大声を出しました。「これは誰か、熱烈なファンからのものだな。これで芝居が完成できるぞ」。若者はとても幸福そうでした。

---

all that I have left　残っているすべて
pluck out　取り出す
as I command you　私が命令する通り
dart　突進する
burry　埋める
flutter　羽ばたき
be appreciated　よさを認められる
admirer　賞賛者

その後のストーリー

　このようにして、王子とツバメは町の人々を助けていきます。

　やがて冬が訪れ、王子はみすぼらしい姿になりツバメも弱ってしまいます。死を悟ったツバメは最後の力を振り絞って飛び上がり王子にキスをして足元で力尽きます。その瞬間、王子の鉛の心臓は音を立てふたつに割れてしまいます。

　みすぼらしい姿になった王子の像は心ない人々によって柱から取り外され、溶鉱炉で溶かされてしまいます。しかし、鉛の心臓だけは溶けずにツバメと一緒にごみために捨てられます。

　天国では神様が天使に「この街で最も尊きものをふたつ持ってきなさい」と命じます。天使が王子の鉛の心臓と死んだツバメを持ってくると、神様は天使を褒め、王子とツバメは楽園で永遠に幸福になったのでした。

　インターネットで検索しますと、Project Gutenberg（http://www.promo.net/pg/）などで原文を手に入れることができます。また、いくつかの音声ファイルも入手可能です。* 無料の朗読音声がダウンロードできるサイトとしては、下記があります。

　http://literalsystems.org/abooks/index.php/Audio-Book/TheHappyPrince

　ぜひ、全文を音声をと共に入手してシャードーイングと音読に挑んでみてください。

*コスモピアのウェブサイト http://www.cosmopier.com/store/ からも、スクリプトの全文と朗読音声が入手可能（有料：315円〈税込み〉）

Step 4 コンテンツ・トレーニング

①コンテンツ音読
(Contents Oral Reading)

Track 18

王子が若い作家を見てどんなに辛く思っているか、「私の片目を抜き出して」と言われたツバメはどう思っただろうか、「認められ始めたんだ」と叫んだ若者の喜びはいかほどのものだったろうか。若者が寒い部屋で執筆する様子、ツバメが戸惑いながら王子の周りを飛ぶ様子、宝石を見つけて喜ぶ若者の笑顔を具体的に頭に描き、最後の音読は自分なりの工夫をして挑戦してみましょう。

畳み掛けるように語っていく、長めのポーズを置く、落ち着いた低い声を使う、登場人物で声の高さや早さを変えてみる、などを状況に応じて使ってみると楽しくなります。

また、音読するのに何秒かかるか所要時間を測定して、*p*.171の表でwpmを把握し、初回の記録と比べてみましょう。

所要時間（秒）	wpm

②語句消去音読
(Oral Reading with Blanks)

Track 18

カラーシートを利用して音読に挑戦してみましょう。今回は、意味チェックで挙げた単語を中心に消去しています。うまくとらえられない個所があったら、その単語を復習してください。そして、文字を見て音声が出るプロセスを自動化してから、もう一度語句消去音読に挑戦してみてください。ひとつひとつ苦手な個所を征服していきましょう。

Step 5 自己評価

①練習成果に対する自己評価（Self-evaluation）

納得のいくところまで練習したら、できれば録音をして、これまでの練習の成果を自己評価してみましょう。*p*.33〜で解説した5つの項目ごとにそれぞれ1〜5の5段階で評価して、○を付けてください。プロソディ・パラレル・リーディングのやり方にも慣れてきて、少ない回数で英語らしいリズム、イントネーションを自分のものにできるようになってきていませんか。このユニットのような情緒的な素材は、コンテンツ・トレーニングの成果を出しやすいものです。場面に応じて自分なりにスピードの変化を付けたり、ポーズの置き方を工夫して、わかりやすさの項目の点数を上げるようにしましょう。できれば、誰かに語り聞かせて評価してもらうことも試してみましょう。

②結果の記録と目標クリアの確認
（Record of Result and Check）

最後に、自己採点結果を*p*.218〜220の一覧表とグラフに記入しておきましょう。一覧表を見れば、これまでの練習によって力が向上してきたことがきっと実感できるでしょう。

もしまだ課題が残った場合は、それが何かをしっかりつかんで、それを克服してさらに向上できるようにこれからも練習を続けていきましょう。

トレーニングの記録

(1) リズム
5. まったくネイティブ並み　4. ほとんどネイティブ並み　3. 少し不自然
2. かなり日本語的　1. まったく日本語同様

(2) イントネーション(ピッチ、すなわち声の高さの変化)
5. まったくネイティブ並み　4. ほとんどネイティブ並み　3. 少し変化に乏しい
2. かなり平板　1. まったく日本語同様

(3) 英文再生率(どれだけ正確に間違わずに、復唱ができたかの目安)
5. 100%　4. ほぼ再生できた　3. かなり再生できた　2. 半分くらい再生できた
1. あまり再生できなかった

(4) スピード
5. まったく遅れなかった　4. ほとんど遅れなかった　3. 多少遅れた　2. 遅れた
1. ついていけなかった

(5) わかりやすさ((1)～(4)を加味した，総合的なわかりやすさ「伝達度」)
5. 100%伝わると思う　4. ほぼ伝わると思う　3. かなり伝わると思う
2. 半分くらいは伝わると思う　1. あまり伝わらないと思う

○を付けた数字を下のレーダーチャートに記録しておきましょう。

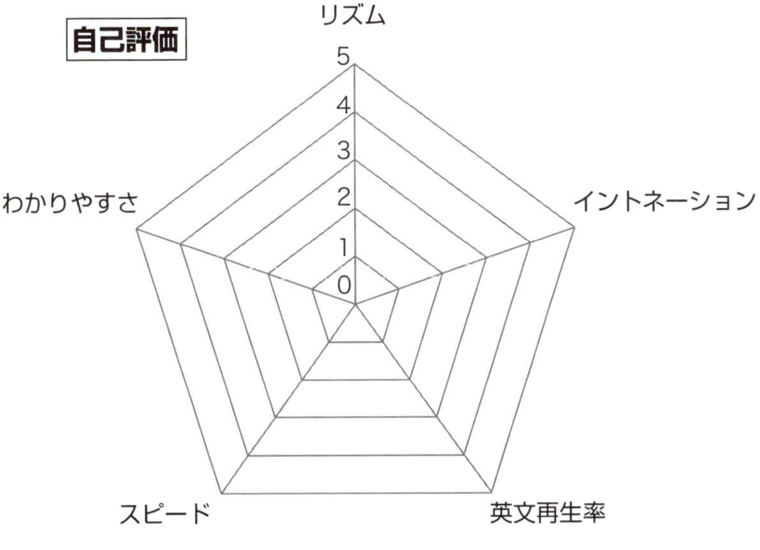

Part 3 音読

Unit 4

オノ・ヨーコ、「願いごとの木」をワシントンDCに贈る

Yoko Ono Gives ‘Wish Trees’ to Washington DC

本書のトレーニングもこの Unit で最後になりました。アナウンサーになったつもりで、ニュースを音読してみましょう。

学習法の解説 (Way of Approach)

音読の最後は、ニュース英語 VOA (Voice of America) の Standard English の番組を取り上げます。これまで学習してきたことの総まとめとして、アナウンサーになったつもりで自信を持って音読できるようにしっかり練習しましょう。

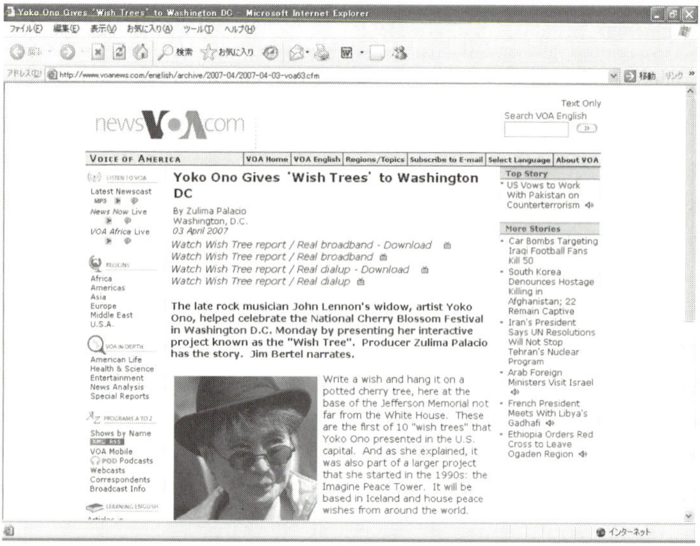

Let's Try!

Track 19

とりあえずテキストを1回音読してみましょう。初見の英文をいきなり正確に音読することはかなり難しいと言っていいでしょう。とにかく思い切ってやってみましょう。

また、音読の際、何秒かかるか（所要時間）を測定し、記録しておきましょう。

後で聞くネイティブのモデルでは225語の文章を83秒で読んでいます。100秒程度で最後まで到達できるといいですね。次の換算表で1分で読める語数（wpm）が把握できます。これを記録しておきましょう。

秒数	60	70	80	90	100	110	120	130	140	150	160
wpm	225	193	169	150	135	123	113	104	96	90	84

所要時間（秒）	wpm

余裕のある方は、*p.*33～の自己評価の基準に基づき、1回目の音読を自分で評価し、レーダーチャートに採点を記録してみましょう。最終的な採点と比較するために、色を変えるとよいでしょう。そこで気づいた弱点の克服を、このユニットでの重点目標にすると一層効果的なトレーニングができます。トレーニングの後に再度評価し、成果を確認してみてください。

最初はアナウンサーのように読めなくても気にする必要はありません。とにかく思い切ってやってみましょう。

Yoko Ono Gives 'Wish Trees' to Washington DC

Write a wish and hang it on a potted cherry tree, here at the base of the Jefferson Memorial not far from the White House. These are the first of 10 "wish trees" that Yoko Ono presented in the U.S. capital. And as she explained, it was also part of a larger project that she started in the 1990s: the Imagine Peace Tower. It will be based in Iceland and house peace wishes from around the world.

"Imagine peace. And I am going around the world saying that you should imagine peace, because I think the power of imagination is very strong."

It was a beautiful spring day in Washington, and visitors of all ages and origin joined the festivities. Some wrote expressions of friendship, love and peace.

"We wrote for respect, peace, love and tolerance for each other."

"Yes, peace." "Just peace, no more fighting."

Ono also presented "wish trees" in other parts of the city. Washington's annual, two-week "National Cherry

Blossom Festival commemorates the gift of 3,000 cherry trees that the mayor of Tokyo, Japan gave to the city in 1912. The gift was meant to enhance the growing friendship between the United States and Japan. Nearly one million people visit the U.S. capital each year to see the cherry trees in bloom, and to attend the many public events that surround them.

Mini Lecture by トレーナー

今回のテーマ

状況設定を変えて音読してみると？

これまでの練習では、モデルの音声に限りなく近づくことをめざしてきましたが、いよいよ最後のユニットになりましたので、あなたらしい音読を作り上げてみましょう。そのための練習方法として、状況設定を変えて音読してみてはどうでしょう？　たとえば、

1）時間内に読み終わろうと必死に早口で読んでいるアナウンサーになったつもりで。

2）時間を引き延ばしたいので、ゆっくり間を取りながら読んでいるアナウンサーになったつもりで。

3）明るく陽気なアナウンサーになったつもりで。

4）暗くて陰気なアナウンサーになったつもりで。

5）くたくたに疲れたアナウンサーになったつもりで。

6）元気いっぱいのアナウンサーになったつもりで。

このように、音読練習するとき状況設定を変えながら練習すると、単調にならず楽しくできますよ。一度お試しください。

英文の背景情報
(Background Information)

オノ・ヨーコと言えば、Beatlesのジョン・レノンの妻という印象が強いですが、実は彼女自身、芸術家、平和運動家として日本国内よりもむしろ海外でよく知られています。今回取り上げた番組の中で、彼女自身が話している部分があります。アナウンサーの声とは別に、一般の人がインタビューに答えている部分や背景の雑音も聞こえてきて、まさに authentic な録音を聞くことができます。音読する時は、それぞれの人になったつもりで練習してみましょう。

Step 1 リスニング

音声のみを聞く (Listening)

Track 19

プロソディ・トレーニングに入る前に、まず英文をよく聞いてみることが必要です。いきなりのパラレル・リーディングや音読では、さまざまな困難な点が出てきます。ここでは、特に、リズム、イントネーションなどプロソディ(韻律)に注意して聞いてみましょう。

Step 2 プロソディ・トレーニング

①プロソディ・パラレル・リーディング
(Prosody Parallel Reading)

Track 19

録音に登場するアナウンサー、オノ・ヨーコ、インタビューに答えている人になり切るために、パラレル・リーディングでそれぞれの発音を確認しましょう。自分流の日本語的な発音にならないように、しっかり聞きながら声に出してみてください。

②プロソディ音読
(Prosody Oral Reading)

Track 19

今度は、いよいよ音読です。直前にやったプロソディ・パラレル・リーディングを思い出しながら、発音、イントネーション、リズムなどに注意して、テキストを見ながら読んでみましょう。

スピードもパラレル・リーディングの速度を思い出して、遅くならないようにしてください。何度か音読を繰り返して、英文がすらすら音読できるようになったら次のステップに進みましょう。

Step 3 テキストの意味チェック

①内容理解のチェック
(Comprehension Check)

次のキーワードを確認してみましょう。左の英単語と右の英語の説明を結びつけてください。

(→解答と訳は*p.*217)

(1) pot •
(2) house •
(3) festivities •
(4) tolerance •
(5) commemorate •
(6) enhance •

• (a) to contain or cover, esp. in order to protect
• (b) things such as drinking, dancing, or eating that are done to celebrate a special occasion
• (c) to put a plant in a pot filled with soil
• (d) to make something such as taste, feeling, or ability better
• (e) willingness to allow people to do, say, or believe what they want without criticizing them
• (f) to remember someone or something by a special action, ceremony, object etc.

Part 3 音読

②テキストの意味チェック
(Meaning Check)

Track 19

和訳で意味を確認してみましょう。

Yoko Ono Gives 'Wish Trees' to Washington DC

Write a wish and hang it on a potted cherry tree, here at the base of the Jefferson Memorial not far from the White House. These are the first of 10 "wish trees" that Yoko Ono presented in the U.S. capital. And as she explained, it was also part of a larger project that she started in the 1990s: the Imagine Peace Tower. It will be based in Iceland and house peace wishes from around the world.

"Imagine peace. And I am going around the world saying that you should imagine peace, because I think the power of imagination is very strong."

It was a beautiful spring day in Washington, and visitors of all ages and origin joined the festivities. Some wrote expressions of friendship, love and peace.

"We wrote for respect, peace, love and tolerance for each other."

"Yes, peace." "Just peace, no more fighting."

Ono also presented "wish trees" in other parts of the city. Washington's annual, two-week National Cherry Blossom Festival commemorates the gift of 3,000 cherry trees that the mayor of Tokyo, Japan gave to the city in 1912. The gift was meant to enhance the growing friendship between the United States and Japan. Nearly one million people visit the U.S. capital each year to see the cherry trees in bloom, and to attend the many public events that surround them.

オノ・ヨーコ、「願いごとの木」をワシントンDCに贈る

願いを書いて、ホワイトハウスからほど近い、ここジェファーソン記念館の台座に置かれた植木鉢に植えられた桜の木につるしてください。この桜の木はオノ・ヨーコがアメリカの首都で贈呈した10本の「願いごとの木」のうちの最初のものです。彼女が説明していたように、1990年代に彼女が始めたさらに大きなプロジェクトであるイマジン・ピース・タワー（イマジン平和の塔）の一部でもあるのです。それはアイスランドに本拠があり、世界中からの平和の願いを収めることになっています。

「平和をイマジン（想像）してください。私は平和をイマジンしましょうと言いながら世界を回っています。なぜなら想像力はとても強いものだと思うから」（と彼女〈オノ・ヨーコ〉は言っています。）

ワシントンはすばらしい天気の春の日で、老いも若きも、また出身に関わらず訪問客がそのお祭りに参加しました。その中には友情や愛、そして平和の表現を書いた人もいました。

「私たちは尊敬、平和、愛、お互いに対する寛容を願って書きました」（とある女性は言っています。）

「そう、平和です」（とひとりの少年が言います。）「まさに平和、もう争いはいりません」（とひとりの少女が言います。）

オノ・ヨーコはまた、ワシントン以外の場所でも「願いごとの木」を贈呈しています。ワシントンで毎年一度行われる2週間にわたる全国桜祭りは、日本の東京市長が1912年にワシントンへ贈った3000本の桜の木の贈り物を祝うものです。その贈り物は日米の友好をさらに進めることを意図していました。約100万人が毎年首都を訪れ、満開の桜を見て、その周辺で行われる多くの公的行事に参加するのです。

Step 4 コンテンツ・トレーニング

①コンテンツ音読
(Contents Oral Reading)

Track 19

いよいよ仕上げの音読です。聞き手を意識して、VOA のアナウンサー（あるいはオノ・ヨーコやインタビューを受けている人）になったつもりで音読してみてください。

また、音読するのに何秒かかるか（所要時間）を測定して*p.*185の表でwpmを把握し、初回の記録と比べてみましょう。

所要時間（秒）	wpm

②語句消去音読
(Oral Reading with Blanks)

Track 01

カラーシートをかぶせて、ブランクの部分を補いながら音読してみましょう。うまく補えない個所があったら、ひとつ前のステップに戻って再度音読をしてから、もう一度語句消去音読に挑戦してみてください。-ed、-ing、-er、-s などを正確に音読できるように、細かいところまで注意しましょう。

Step 5 自己評価

①練習成果に対する自己評価（Self-evaluation）

これまでの練習の成果を自己評価してみましょう。納得のいくところまで練習できたら、できれば録音をしてください。自分の音読に十分に注意しつつ評価をします。

p.33〜で解説した5つの項目ごとにそれぞれ1〜5の5段階で評価して、○を付けてください。

②結果の記録と目標クリアの確認（Record of Result and Check）

最後に、自己採点結果を*p*.218〜220の一覧表とグラフに記入しておきましょう。一覧表を見れば、これまでの練習を通じて力が向上してきたことがきっと実感できるでしょう。もしまだ課題が残った場合は、それが何かをしっかりつかんで、それを克服してさらに向上できるよう、これからも練習を続けていきましょう。

トレーニングの記録

(1) リズム
5. まったくネイティブ並み　4. ほとんどネイティブ並み　3. 少し不自然
2. かなり日本語的　1. まったく日本語同様

(2) イントネーション（ピッチ、すなわち声の高さの変化）
5. まったくネイティブ並み　4. ほとんどネイティブ並み　3. 少し変化に乏しい
2. かなり平板　1. まったく日本語同様

(3) 英文再生率（どれだけ正確に間違わずに、復唱ができたかの目安）
5. 100%　4. ほぼ再生できた　3. かなり再生できた　2. 半分くらい再生できた
1. あまり再生できなかった

(4) スピード
5. まったく遅れなかった　4. ほとんど遅れなかった　3. 多少遅れた　2. 遅れた
1. ついていけなかった

(5) わかりやすさ（（1）～（4）を加味した，総合的なわかりやすさ「伝達度」）
5. 100%伝わると思う　4. ほぼ伝わると思う　3. かなり伝わると思う
2. 半分くらいは伝わると思う　1. あまり伝わらないと思う

○を付けた数字を下のレーダーチャートに記録しておきましょう。

自己評価

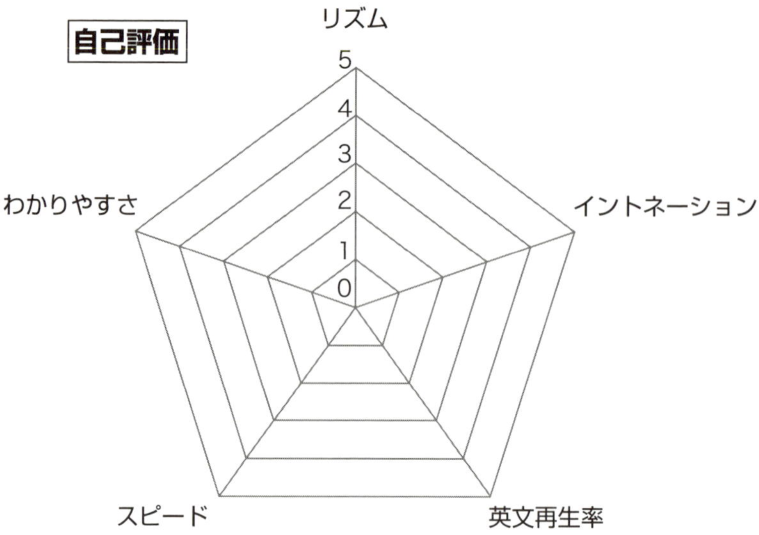

column 04 役立つサイト案内

多聴向きのサイト・精聴向きのサイト

Listeningの力をつけるには、1）聞く量を増やし、2）聞き方の質を高めることが必要ですが、今回は、1）に焦点を当ててBGM代わりに英語を流しておくのに適したサイトと、2）に焦点を当てたdictationに適したサイトをそれぞれいくつか紹介してみましょう。

1）聞く量を増やすExtensive Listening（多聴）に適したサイト

BBC -Radio Homepage
http://www.bbc.co.uk/radio/

バラエティーに富んだ番組をクリアな音声で聞くことができるので飽きることがありません。ニュース、コメディー、ドラマ、スピーチ、子供番組など、気に入ったものを選んで、できればパソコンに少し良質のスピーカーを接続して部屋いっぱいに流し続けてください。きっとイギリスにいるような錯覚を覚えてしまうでしょう。

BBC 7
http://www.bbc.co.uk/bbc7/

BBC Radioの数多いチャンネルの中でも、2002年に誕生したBBC7は、"Broadcasting 24 hours every day, it's a mix of the best of the BBC's archive and contemporary comedy, drama and readings as well as four hours of children's programmes each day."と紹介されているように、Extensive Listeningには特におすすめです。

BBC Radio Newspod
http://www.bbc.co.uk/radio/newspod/

BBCには、ポッドキャストの番組もニュースを中心に何種類かありますが、BBCのラジオ番組の中からエッセンスを約30分にまとめて毎日配信してくれるBBC Radio Newspodは、Extensive Listeningしていても、思わずIntensive Listeningしてしまうほど興味深い話題のニュースが含まれることが多い番組です。

2）質の高いリスニングをめざすIntensive Listening（精聴）に適したサイト

Scientific American 60-Second Science
http://www.sciam.com/podcast/index.cfm?e_type=D
National Geographic Minutes
http://podcast.nationalgeographic.com/ng-minutes/

どちらもポッドキャストでも聞くことができます。1分程度の番組ですので、何度も繰り返し聞き込んで番組をまるごとdictationするとよいでしょう。話題性のある話を紹介してくれるので、語彙力をつけるのにも役立つこと間違いなしです。

英文一覧

ここまで、「パラレル・リーディング」、「シャドーイング」、「音読」用の英文素材を Part 1〜Part 3 の各 Unit において提供してきました。これらの素材は、それぞれのトレーニング用に、各 Unit に掲載したのですが、特にそれぞれの練習のみにしか使えないという素材ではありません。各 Part のそれぞれの Unit の英文を、元の Unit とは異なる練習用に利用することももちろんできます。例えば、Part 1 の英文を今度はシャドーイングや音読用に利用する、Part 2 の英文はパラレル・リーディングや音読用に利用する、といったことももちろん可能です。ここでは、このような目的のために、Part 1 から Part 3 の英文素材を再度まとめて掲載します。各 Unit の練習をひととおり終えられた方は、同じテキストでも、今度は異なるトレーニングのために利用してください。

さらに、もう一言。以下のページは、基本的に自宅以外の場所（例えば、通勤時や会社など）で利用していただくことを念頭においています。すなわち、はさみで切り取って、カラーシートとともに利用できるようにしています。その際、CD の音声を携帯用の小型 MP プレーヤーに録音されることをおすすめします。そうすると、いつでも音声をポケットに入れた状態で、練習に利用できるようになります。

それでは、ここでの練習ステップをご紹介します。

(1)リスニング

まずは、聞き取りです。特に、韻律音声や意味内容に注意を向け、それらを確認しながら、聞いてください。

(2)プロソディ・トレーニング

韻律音声（プロソディ）に注目しながら、パラレル・リーディング、シャドーイング、音読の練習をします。詳細は、序章の「3．本書における学習法」を参照ください。

(3)コンテンツ・トレーニング

プロソディの次は意味内容です。英文の内容に注意しつつ、3つのトレーニングを実施してください。特に、話し手の感情を模倣し、誰か別の人に聞かせる気持ちで、声に出すことが重要です。

Part 1 Unit 1 Track 03

「有名な引用のことば その1」 ▶p.44

The best and most beautiful things in the world cannot be seen or even touched. They must be felt with the heart.

___ Helen Keller

Mankind must put an end to war,
or war will put an end to mankind.

___ John F. Kennedy

Genius is one percent inspiration
and ninety-nine percent perspiration.

___ Thomas Edison

The more I learn
the more I realize I don't know.
The more I realize I don't know
the more I want to learn.

___ Albert Einstein

We ourselves feel that what we are doing is just a drop in the ocean.
But the ocean would be less because of that missing drop.

___ Mother Teresa

キリトリ線

「マザーグース」

▶p.58

Three Little Kittens

Three little kittens,
They lost their mittens,

And they began to cry,
Oh, mother, dear,
We sadly fear,
Our mittens we have lost.

What! Lost your mittens,
You naughty kittens,

Then you shall have no pie.
Meow, meow,
Then you shall have no pie.

The three little kittens,
They found their mittens,

And they began to cry,
Oh, mother, dear,
See here, see here,
Our mittens we have found.

What, found your mittens,
Then you're good kittens,

And you shall have some pie.
Purr-rr, purr-rr,
Then you shall have some pie.

Three little kittens,
Put on their mittens,

And soon ate up the pie.
Oh, mother, dear,
We sadly fear,
Our mittens we have soiled.

What! Soiled your mittens,
You naughty kittens,

And they began to sigh.
Meow, meow,
And they began to sigh.

The three little kittens,
They washed their mittens,

And hung them out to dry.
Oh, mother, dear.
Do you not hear,
Our mittens we have washed?

What! Washed your mittens?
Then you're good kittens!

But I smell a rat close by.
Meow, meow,
We smell a rat close by.

キリトリ線

Part 1 Unit 3

Track 07

「水の恩恵」

▶p.70

Benefits of Water

Water is vital for a healthy body and can also benefit your skin. Water helps remove waste products from your system and hydrates the skin, giving it a healthy glow. It's also believed to encourage skin cell turnover and flush out excess oil that might otherwise become clogged in your pores. Not drinking enough water can cause dry lips, headaches, and fatigue. To avoid dehydration and reap the benefits of water, most experts recommend drinking at least eight glasses each day. Those in dry climates may need even more. Don't wait until you're thirsty: by that time, you've already lost more than one percent of your body's water supply. If you don't like the taste of water, try a bottled spring water or consider flavoring tap water with a wedge of lemon, lime, or orange. Take a gallon bottle of water to work with you, and make it a goal to drink most or all of the water each day. Pay special attention to your water intake when you're working out or drinking alcoholic beverages. At these times, you'll need extra water to offset the amount you'll lose. Drink before, during, and after exercise. At parties, have a glass of water or club soda between every cocktail.

キリトリ線

「ヒュー・グラントとドリュー・バリモア」 ▶p.80

Q: Can you talk about filming in New York?

HG: Well, it's, uh, it is, well, it's the place, isn't it really? I mean, it, Marc Lawrence is very, very quintessentially New York. I don't think he's ever left New York, and um...

DB: And he's ever left his apartment.

HG: He's virtually never left his apartment. Uh, he's had the same lunch, the same chicken soup and tuna salad sandwich for the last forty years from the same deli, and the same piece of pizza in the evening. And, uh, you know, he's totally passionate about the city and was never going to compromise. There was never going to be any question of Toronto for this film. And it is, uh, it is, you know, as far as I'm concerned, it is the city with probably the most texture in the world, maybe, next to Calcutta, you know, it s just ... wherever you point a camera, Paris is good as well, actually. You sort of think, "Yeah, that's filmy." And you do— you know, I love Toronto in many ways, but you don't get that there.

Q: It says Marc tried to keep within a ten-block radius.

DB: Oh, I mean literally, I don't want to give anything away but he, he lives very near to where we filmed everything. I mean, he literally, like, he doesn't like to go out of the neighborhood.

HG: But also, I think that he was keeping this film, um, quite close to his heart, actually. He's passionate about music. Um, the block that we shot in is his bl- you know, that's his apartment block, and place...

DB: That s what I wasn't going to give away.

HG: I don't, I don't, I don't think anyone's going to stalk Marc. Um, ah, yes, that's where he lives. Okay, now I can go and stab his children!

DB: Stop it!

HG: Um, but, ye- so it is, this is it's very close to his heart, I think.

キリトリ線

Part 2 Unit 1 「早口ことば」

Track 10-12

▶p.96

A Big Black Bug

A big black bug
bit a big black bear,

made the big black bear
bleed blood.

Fred Fed Ted Bread

Fred fed Ted bread,
and Ted fed Fred bread.

A Rural Ruler

A rural ruler
should be truly rural,

and recognize rural
raillery.

Wise Wives

Wise wives whistle
while weaving worsted
waistcoats.

Three Sick Thrushes

Three sick thrushes
sang thirty-six thrilling
songs.

キリトリ線

英文一覧

「世界最大の旅客機」 ▶ p.106

Airbus A380 in New York
In a weather condition airline pilots call "severe clear," you could see it coming almost ten miles away.

Under heavy security and before hundreds of cameras, the Airbus A380, the world's largest passenger aircraft, made a relatively quiet landing on the runway at JFK International Airport in New York.

The man behind the controls of Lufthansa Flight 8940, Chief Pilot Juergen Raps, compares piloting the aircraft to driving an Italian sports car.

Lufthansa Pilot Juergen Raps
"If you imagine a plane of this size and this weight, you imagine it would move like a bus or like a truck," Raps says. "But as I said, if you compare it, it would handle like a Ferrari — it's very responsive at the controls, and it reacts very fast. So you can fly very precisely and at the same time it's very stable. Very nice to fly."

The Airbus's arrival at JFK, complete with passengers and a full crew, marks the first visit by the new so-called megaliner to U.S. soil.

Port Authority Executive Director Anthony Shorris says the historic occasion also marks a new beginning in air

キリトリ線

travel to and from New York. The city hopes to reap an economic benefit after investing tens of millions of dollars in upgrading the airport to accommodate the new aircraft.

"In the first full year of operations for the A380 we hope it will generate as much as $80 million in economic activity, $30 million or more in payroll and perhaps 1,000 jobs," Shorris says.

Airbus is also hoping to reap an economic benefit from a project already plagued with difficulties. Two years behind schedule, Airbus has lost more than an estimated $6 billion in forecasted profits that the A380 was supposed to generate.

キリトリ線

Airbus A380

The company is hoping today's successful landing in New York and the subsequent arrival of another A380 at Los Angeles International Airport will help reverse some of the negative publicity generated by the production delays.

Not only is the A380 one of the quieter long-haul planes in the skies, it is also one of the most fuel efficient, consuming about 80 miles [130 kilometers] per gallon per passenger seat.

Singapore Airlines takes delivery of the first A380 in October. Lufthansa will begin regular service with the A380 from Frankfurt to JFK in the summer of 2009.

「雪女」 ▶p.116

One night, after the children had gone to sleep, O-Yuki was sewing by the light of a paper lamp; and Minokichi, watching her, said:—

“To see you sewing there, with the light on your face, makes me think of a strange thing that happened when I was a lad of eighteen. I then saw somebody as beautiful and white as you are now — indeed, she was very like you”...

Without lifting her eyes from her work, O-Yuki responded:—
Tell me about her... Where did you see her?

Then Minokichi told her about the terrible night in the ferryman’s hut,— and about the White Woman that had stooped above him, smiling and whispering,— and about the silent death of old Mosaku. And he said:—

“Asleep or awake, that was the only time that I saw a being as beautiful as you. Of course, she was not a human being; and I was afraid of her,— very much afraid,— but she was so white!... Indeed, I have never been sure whether it was a dream that I saw, or the Woman of the Snow”...

O-Yuki flung down her sewing, and arose, and bowed

キリトリ線

above Minokichi where he sat, and shrieked into his face:—

"It was I — I — I! Yuki it was! And I told you then that I would kill you if you ever said one word about it!... But for those children asleep there, I would kill you this moment! And now you had better take very, very good care of them; for if ever they have reason to complain of you, I will treat you as you deserve!"...

Even as she screamed, her voice became thin, like a crying of wind;— then she melted into a bright white mist that spired to the roof-beams, and shuddered away through the smoke-hold... Never again was she seen.

キリトリ線

「オバマ議員のスピーチ」 ▶p.128

In the end — In the end — In the end, that's what this election is about. Do we participate in a politics of cynicism or do we participate in a politics of hope?

John Kerry calls on us to hope. John Edwards calls on us to hope.

I'm not talking about blind optimism here — the almost willful ignorance that thinks unemployment will go away if we just don't think about it, or the health care crisis will solve itself if we just ignore it. That's not what I'm talking about. I'm talking about something more substantial. It's the hope of slaves sitting around a fire singing freedom songs; the hope of immigrants setting out for distant shores; the hope of a young naval lieutenant bravely patrolling the Mekong Delta; the hope of a millworker's son who dares to defy the odds; the hope of a skinny kid with a funny name who believes that America has a place for him, too.

Hope — Hope in the face of difficulty. Hope in the face of uncertainty. The audacity of hope!

In the end, that is God's greatest gift to us, the bedrock of this nation. A belief in things not seen. A belief that there are better days ahead.

キリトリ線

I believe that we can give our middle class relief and provide working families with a road to opportunity.

I believe we can provide jobs to the jobless, homes to the homeless, and reclaim young people in cities across America from violence and despair.

I believe that we have a righteous wind at our backs and that as we stand on the crossroads of history, we can make the right choices, and meet the challenges that face us.

America! Tonight, if you feel the same energy that I do, if you feel the same urgency that I do, if you feel the same passion that I do, if you feel the same hopefulness that I do — if we do what we must do, then I have no doubt that all across the country, from Florida to Oregon, from Washington to Maine, the people will rise up in November, and John Kerry will be sworn in as President, and John Edwards will be sworn in as Vice President, and this country will reclaim its promise, and out of this long political darkness a brighter day will come.

Thank you very much everybody. God bless you. Thank you.

「有名な引用のことば　その2」 ▶p.144

Man is no more than a reed, the weakest in nature. But he is a thinking reed.

___ Blaise Pascal

All our dreams can come true — if we have the courage to pursue them.

___ Walt Disney

When one door closes, another opens; but we often look so long and so regretfully upon the closed door that we do not see the one which has opened for us.

___ Alexander Graham Bell

Anyone who stops learning is old, whether at twenty or eighty. Anyone who keeps learning stays young. The greatest thing in life is to keep your mind young.

___ Henry Ford

Boys, be ambitious, not for money, not for selfish accomplishment, not for that evanescent thing which men call fame. Be ambitious for attainment of all that a man ought to be.

___ William S. Clark

キリトリ線

Part 3 | Unit 2 | Track 17

「千の風になって」 ▶p.158

I Am a Thousand Winds

Do not stand at my grave and weep,
I am not there, I do not sleep.

I am a thousand winds that blow.
I am the diamond glints on snow.
I am the sunlight on ripened grain.
I am the gentle autumn's rain.

When you awaken
in the morning's hush,
I am the swift uplifting rush
Of quiet birds in circled flight,
I am the soft stars that shine at night.

Do not stand at my grave and cry,
I am not there, I did not die.

キリトリ線

Part 3 | Unit 3 |

Track 18

「幸福の王子」 ▶p.170

'Swallow, Swallow, little Swallow,' said the Prince, 'far away across the city I see a young man in a garret. He is leaning over a desk covered with papers, and in a tumbler by his side there is a bunch of withered violets. His hair is brown and crisp, and his lips are red as a pomegranate, and he has large and dreamy eyes. He is trying to finish a play for the Director of the Theatre, but he is too cold to write any more. There is no fire in the grate, and hunger has made him faint.'

'I will wait with you one night longer,' said the Swallow, who really had a good heart. 'Shall I take him another ruby?'

'Alas! I have no ruby now,' said the Prince; 'my eyes are all that I have left. They are made of rare sapphires, which were brought out of India a thousand years ago. Pluck out one of them and take it to him. He will sell it to the jeweller, and buy food and firewood, and finish his play.'

'Dear Prince,' said the Swallow, 'I cannot do that'; and he began to weep.

'Swallow, Swallow, little Swallow,' said the Prince, 'do as I command you.'

So the Swallow plucked out the Prince's eye, and flew away to the student's garret. It was easy enough to get in, as there was a hole in the roof. Through this he darted, and came into the room. The young man had his head buried in his hands, so he did not hear the flutter of the bird's wings, and when he looked up, he found the beautiful sapphire lying on the withered violets.

'I am beginning to be appreciated,' he cried; 'this is from some great admirer. Now I can finish my play,' and he looked quite happy.

キリトリ線

Part 3 | Unit 4 | Track 19

「オノ・ヨーコ、『願いごとの木』をワシントンDCに贈る」 ▶ p.184

Yoko Ono Gives 'Wish Trees' to Washington DC

Write a wish and hang it on a potted cherry tree, here at the base of the Jefferson Memorial not far from the White House. These are the first of 10 "wish trees" that Yoko Ono presented in the U.S. capital. And as she explained, it was also part of a larger project that she started in the 1990s: the Imagine Peace Tower. It will be based in Iceland and house peace wishes from around the world.

"Imagine peace. And I am going around the world saying that you should imagine peace, because I think the power of imagination is very strong," she says.

It was a beautiful spring day in Washington, and visitors of all ages and origin joined the festivities. Some wrote expressions of friendship, love and peace.

"We wrote for respect, peace, love and tolerance for each other."

"Yes, peace." "Just peace, no more fighting."

Ono also presented "wish trees" in other parts of the city. Washington's annual, two-week National Cherry Blossom Festival commemorates the gift of 3,000 cherry trees that the mayor of Tokyo, Japan gave to the city in 1912. The gift was meant to enhance the growing friendship between the United States and Japan. Nearly one million people visit the U.S. capital each year to see the cherry trees in bloom, and to attend the many public events that surround them.

キリトリ線

内容理解のチェック［解答と訳］

Part 1

Unit 1 ▶ p.50

①Helen Keller - **E** ②John F. Kennedy - **D** ③Thomas Edison - **B** ④Albert Einstein - **A** ⑤Mother Theresa - **C**

Unit 2 ▶ p.64

(3) They found their mittens.（子猫たちは手袋を見つけた）

(5) They soiled their mittens.（子猫たちは手袋を汚した）

(6) They began to sigh.（子猫たちはため息をつきはじめた）

(8) They smelled a rat close by.（子猫たちは近くでネズミのにおいを嗅いだ）

(4) They put on their mittens and ate some pie.
（子猫たちは手袋をつけて、パイを食べた）

(1) Three kittens lost their mittens.（三匹の子猫が手袋をなくした）

(2) They couldn't have any pie.（子猫たちはパイを食べられなかった）

(7) They washed their mittens.（子猫たちは手袋を洗った）

Unit 3 ▶ p.73

(1)（ **T** ） 水は皮膚の健康にも効果があります。

(2)（ **F** ） 毎日グラス８杯の水を飲むことは飲み過ぎです。

(3)（ **F** ） のどの渇きをおぼえた後で、水を摂取するとよいでしょう。

(4)（ **F** ） アルコール飲料を飲んでいるときは、水を飲む必要はありません。

(5)（ **T** ） 運動中もその前後も水分は必要です。

Unit 4 ▶ p.87

(1)（ **F** ） この映画はトロントで撮影されました。

(2) (F) 監督のMarcは、いろいろな都市を旅しています。

(3) (T) Hugh Grantによれば、パリはカメラを向けるのに適した街です。

(4) (F) Drew Barrymoreは、監督のMarcのことをすべて暴露しようとしました。

(5) (T) 監督のMarcが本映画をマンハッタンで撮影したのは、本映画を身近なものにしておきたかったからです。

Part 2

Unit 1 ▶p.101

(1) bug → (c) a small insect (小さい虫)

(2) bleed → (f) to lose blood, especially because of an injury
(特にけがなどで血を失う)

(3) rural → (g) happening in or relating to the country, not the city (都市ではなく田舎で起こる、田舎に関する)

(4) ruler → (h) someone such as a king or queen who has official power over a country or area
(王や女王などの国や地域を支配する公権力を持つ人)

(5) raillery → (b) friendly joking about someone
(誰かについての親しげな冗談)

(6) whistle → (d) to make a high or musical sound by blowing air out through your lips
(唇で空気を吹き出して高いか音楽的な音を出す)

(7) worsted → (a) made from long fibers twisted together
(より合わされた長い繊維でできた)

(8) waistcoat → (i) a vest (ベスト、チョッキ)

(9) thrush → (e) a brown bird with spots on its front (前面に斑点のある茶色の鳥)

Unit 2 ▶p.108

(1) megaliner → (b) a huge passenger airplane (巨大な旅客機)

(2) reap → (a) to get something as a result of what you have done (行った行為の結果として何かを得る)

(3) payroll → **(e)** the total amount that a particular company pays its workers (特定の会社が労働者に支払う金額全体)

(4) plague → **(c)** to cause regular discomfort, suffering or trouble to someone (人に頻繁に不快感、苦しみ、問題を引き起こす)

(5) subsequent → **(g)** coming after or following something else (何か他のものの後か続いて起こる)

(6) publicity → **(h)** the attention that someone or something gets from newspapers, television etc. (人やものが新聞、テレビなどから得る注目)

(7) long-haul → **(d)** going a very long distance without stopping (停まらずに長距離を行く)

(8) take delivery of → **(f)** to officially accept something large that you have bought (買った大きなものを公式に受け取る)

Unit 3 ▶ *p.121*

(1) (**F**) Minokichi spoke to her when Oyuki was cooking dinner one day. (ある日、お雪が夕食をつくっていたときに、巳之吉は話しかけた。)

(2) (**F**) Oyuki was much surprised when Minokichi began to speak about the event one year ago. (巳之吉が一年前の出来事について話し始めると、お雪はたいそう驚いた)

(3) (**T**) Minokichi thought the White Woman on the terrible night was very beautiful. (巳之吉は、その恐ろしい夜に出会った真っ白な女性はとても美しい人だと思った)

(4) (**T**) Oyuki admitted that she was the white woman on the terrible night. (お雪は、自分があの恐ろしい夜の色白の女であることを認めた)

(5) (**F**) Oyuki did not kill Minokichi, but instead she took away the children from him. (お雪は巳之吉を殺さなかったが、子供たちを連れ去っていった)

Unit 4 ▶ *p.132*

(1) **b)**

What politics does Obama want? オバマはどのような政治を望んでいますか。

a) A politics of cynicism　冷笑の政治

b) A politics of hope　希望の政治

(2) **b)**

Unemployment will go away if we　失業問題は、もし、

a) don't think about it　考えなければなくなる。

b) do something about it　何か対処すればなくなる。

(3) **a)**

Obama believes that　オバマは、

a) there are better days in the future　よりよい日々は将来あると信じている。

b) there were better days in the past　過去によりよい日々があったと信じている。

(4) **b)**

Obama wants all people to　オバマはすべての人びとに、

a) do what they have to do.　やるべきことをやることを望んでいる。

b) wait until a brighter day come　より希望のあるときがくるまで待つことを望んでいる。

Part 3

Unit 1 ▶p.151

(1) courage → **(a)** being brave when you are in a difficult situation
（困難な状況で、勇気を持つこと）

(2) pursue → **(e)** follow something in order to catch it
（何かを達成するために継続する）

(3) regretfully → **(d)** feeling sad because you do not want to do what you are doing（やっていることがいやで悔やんでいる状況）

(4) ambitious → **(f)** having a strong desire to be successful
（成功するために強い欲望がある状態）

(5) selfish → **(c)** caring only about yourself and not about other people（自己中心的で他人には関心を持たないこと）

(6) evanescent → **(g)** not lasting very long（長続きしないこと）

(7) fame → **(b)** being known by a lot of people because you did something great（すばらしいことをやったために有名になること）

(8) attainment → **(h)** success in achieving something or reaching a particular level（何かを達成したり一定のレベルに達することに成功すること）

Unit 2 ▶ p.165

(1) (**grave**) A burial place of dead persons
（亡くなった人が埋葬されている場所）

(2) (**cry**) To shed tears as an expression of grief
（悲しみのあまり涙を流すこと）

(3) (**wind**) A flow or movement of air（空気の流れ・動き）

(4) (**rush**) Moving with great speed（速いスピードで動く）

(5) (**uplift**) To raise to a higher level（高いところまで上げる）

Unit 3 ▶ p.177

(1) **a)**

Who did the Prince want to help?（王子は誰を助けたかったのですか？）

a) A writer（作家） b) A director（監督） c) A jeweler（宝石商）

(2) **c)**

What was the problem?（問題は何だったのですか？）

a) The young man had no house.（若者には家がなかった）

b) It was too hot in the room to do his job.
（仕事をするには部屋の中が暑すぎた）

c) The room was too cold and the man was too hungry.
（部屋は寒すぎて、男性はとてもお腹がすいていた）

(3) **a)**

What did the Prince want to give to the person?
（王子はその人に何を与えたかったのですか？）

a) one of his eyes（目のひとつ） b) violets（スミレ） c) a pomegranate（ザクロの実）

(4) **c)**

Why did the swallow begin to weep?（ツバメはなぜ泣きはじめたのですか？）

a) He was not able to help the man.（男を助けることができなかったから）

b) The man was so poor.（男がひどく貧しかったから）

c) The Prince was going to lose his eye.（王子が目を失おうとしていたから）

(5) **c)**

Why was it easy for the Swallow to get in the room?
(なぜツバメは部屋の中へ簡単に入ることができたのですか？)

a) Because the window was open. (窓が開いていたから)
b) Because the person was asleep. (人が寝ていたから)
c) Because there was a hole in the roof. (屋根に穴が空いていたから)

(6) **a)**

What did the person think of the sapphire on the violets?
(若者はスミレのところにあるサファイアをどう思ったのですか)

a) One of his fans sent it to him. (ファンのひとりが彼に贈ってくれたと思った)
b) It was so beautiful that he couldn't believe it. (美しすぎて信じられなかった)
c) It was a gift from God. (神からの贈り物だと思った)

Unit 4 ▶ p.189

(1) pot → **(c)** to put a plant in a pot filled with soil (土を入れた鉢に植物をいれる)

(2) house → **(a)** to contain or cover, esp. in order to protect.
(特に保護するために入れたり、覆ったりする)

(3) festivities → **(b)** things such as drinking, dancing, or eating that are done to celebrate a special occasion
(特別な行事を祝うのに行われる、飲酒、踊り、食事など)

(4) tolerance → **(e)** willingness to allow people to do, say, or believe what they want without criticizing them (人がしたいことを言ったり、信じたりするのを、批判せずに進んで許してあげること)

(5) commemorate → **(f)** to remember someone or something by a special action, ceremony, object etc.
(人やものを特別の行動、儀式、目的などで思い出すこと)

(6) enhance → **(d)** to make something such as taste, feeling, or ability better (味、感じ、能力などをよりよくする)

自己評価得点一覧表

得点一覧表

Part 1	1.リズム	2.イントネーション	3.英文再生率	4.スピード	5.わかりやすさ	各Unit合計
Unit 1						
Unit 2						
Unit 3						
Unit 4						
Unit 1-4合計						
Part 2	**1.リズム**	**2.イントネーション**	**3.英文再生率**	**4.スピード**	**5.わかりやすさ**	**各Unit合計**
Unit 1						
Unit 2						
Unit 3						
Unit 4						
Unit 1-4合計						
Part 3	**1.リズム**	**2.イントネーション**	**3.英文再生率**	**4.スピード**	**5.わかりやすさ**	**各Unit合計**
Unit 1						
Unit 2						
Unit 3						
Unit 4						
Unit 1-4合計						
	1.リズム合計	2.イントネーション合計	3.英文再生率合計	4.スピード合計	5.わかりやすさ合計	
各項目通し合計						

1.「リズム」得点折れ線グラフ

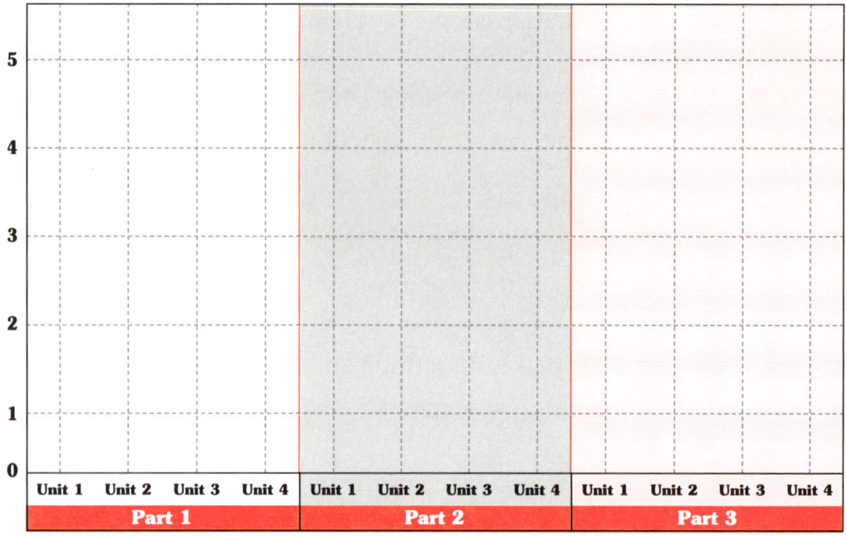

3つのPartの各Unitの最後に記入した自己評価を、表や折れ線グラフで一覧してみましょう。表には数字を書き込み、折れ線グラフでは、黒丸を付け、丸同士を線で結びます。そうすることで、自分の伸び具合や弱点がはっきりわかるでしょう。現在の自分の力を客観的に知ることは、ひとりで学習する上では大切なことです。

2. 「イントネーション」得点折れ線グラフ

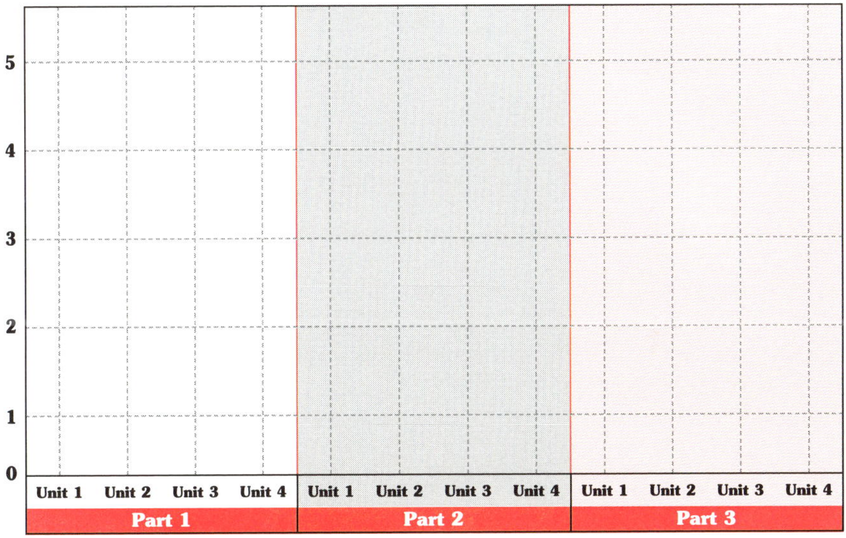

3. 「英文再生率」得点折れ線グラフ

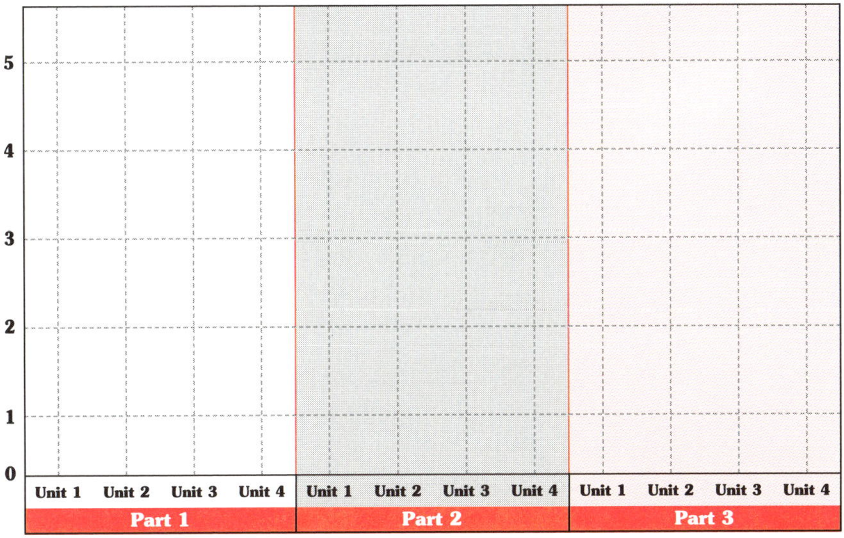

4. スピード得点グラフ

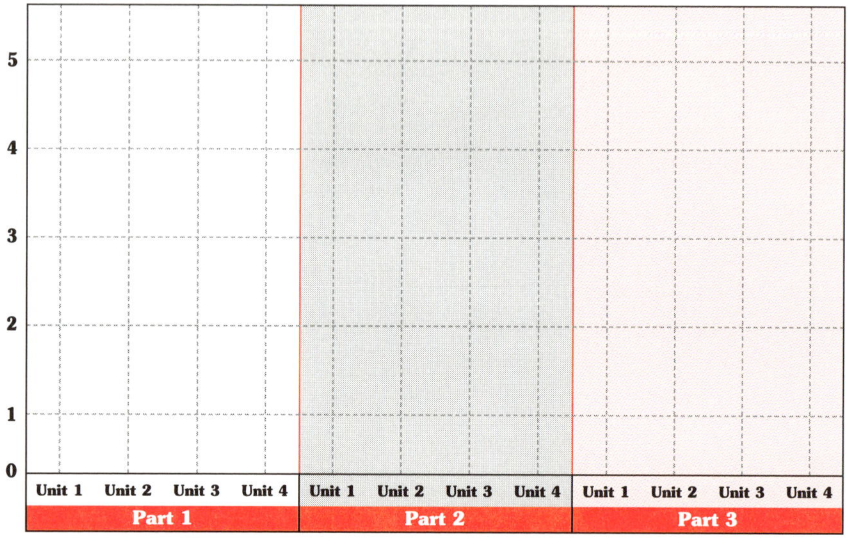

5. わかりやすさ得点グラフ

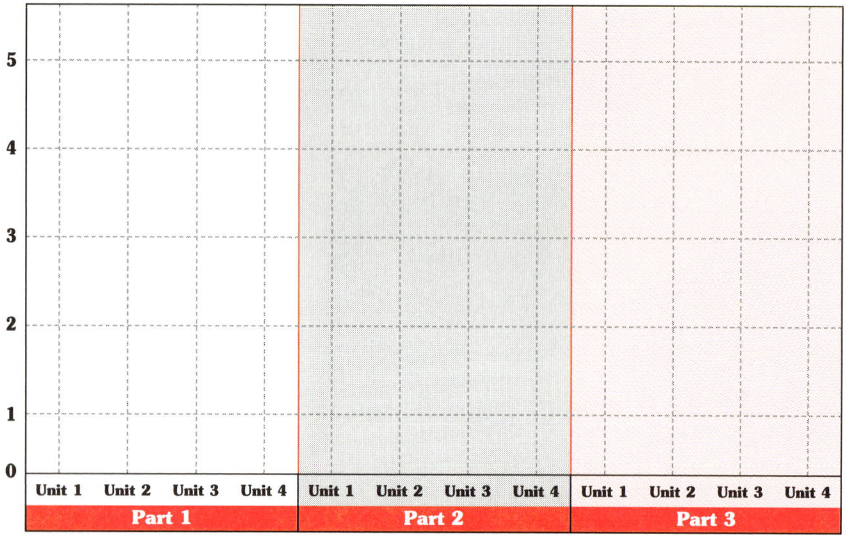

おわりに

今後の学習への展望

今までのトレーニングはいかがでしたでしょうか？「パラレル・リーディング」、「シャドーイング」、「音読」のトレーニングを経て、一定の成果を上げられたと思います。今後も、素材を変えてこれらの練習をぜひ続けていってください。

最後に、学習を継続していく上で、ひとつとても重要な点をまとめておきます。

ことばにはリズムがあります。本書の序章でも、英語のリズムの重要性について書きました。このことばのリズムは、呼吸、脈拍、音楽、歩行、ダンスなど、人が見せる行動や運動のリズムと見事に同期しています。このリズムについて、3分の1秒（約0.33秒）を境に、それより速いリズムと遅いリズムは、まったく異質な認識の仕方をすることが知られています。詳しくは、河野守夫ほか編（2007）『ことばと認知のしくみ』（三省堂）を参照ください。

その概要をまとめると次のようになります。

(1) 0.33秒以下の速いリズム（例えばメトロノームで作ったものなど）は、それを全体として、一気に知覚して記憶される。他方、0.33秒より遅いリズムは，それをひとつひとつ確認しながら知覚して記憶される。

---

(2) 遅いリズムの処理は、大脳でも左半球に局在しているが、速いリズムを処理する中枢は右半球も含めて、左右両半球に存在している。

---

(3) 速いリズムを全体的に丸ごと処理するこころのしくみ（これを「全体的処理機構」と言います）は、遅いリズムを処理するシステム（「分析的処理機構」と呼んでいます）ための前提としてはたらく。

　ちょっと用語の使い方が難しいと思われる人もいるかもしれませんが、要は、

① 0.33以下の速いリズムは全体的に丸ごと知覚して記憶されるが、それに対して、ゆっくりとしたリズムはひとつひとつ分析して知覚・記憶されること
② 前者の丸ごと処理する能力が後者の分析的に処理する能力の前提条件になっているということ

のふたつのことが明らかにされているのです。

　しかしこれは、何もリズムの学習だけに限ったことではありません。英語などの外国語の学習全般に言えることです。もちろん、本書で学習したパラレル・リーディング、シャドーイング、音読についても当てはまります。古川昭夫・伊藤晶子共著、酒井邦秀監修（2005）『100万語多読入門』（コスモピア）では、シャドーイングについて、経験的に、(A)子ども式と(B)大人式を区別しています。すなわち、それぞれ次のような特徴があります。

（A）方式：感性による全体の丸のみ型学習方法

（1）ひとつひとつの音は知らなくてよい
（2）音を楽しむ

全体的処理のイメージ図

（B）方式：理性による細部の積み上げ型学習方法

（1）ひとつひとつの音にこだわる

（2）細部の意味内容にこだわる

要は、ことばを聞いてありのままにその全体の音声（韻律音・分節音）を含めてを丸ごと繰り返すことが、シャドーイングの要点だということです。このことは、パラレル・リーディングや音読にもそのまま当てはまります。

分析的トレーニングのイメージ図

全体的に丸ごと音声を知覚することからはじめて、その後に分析的にひとつひとつ音声を処理し、さらには意味内容を処理する能力を身につけるのです。パラレル・リーディング、シャドーイング、音読の学習もこの点によく留意して今後も継続されることをおすすめします。

読者のみなさんのさらなるご発展を祈っています。

門田　修平（かどた　しゅうへい）

関西学院大学・大学院教授：博士（応用言語学）。専門は心理言語学、応用言語学。主な編著に『英語リーディングの認知メカニズム』(共編著)、『英語の書きことばと話しことばはいかに関係しているか』(2002年大学英語教育学会学術賞)、『第二言語理解の認知メカニズム』(以上、くろしお)、『英語のメンタルレキシコン』(編著、松柏社)、『決定版 英語シャドーイング』、『決定版 英語エッセイライティング』(監修・共著)、『シャドーイングと音読の科学』(以上、コスモピア)、『英語語彙指導ハンドブック』(共編著、大修館書店)、『ことばと認知のしくみ』(共編著、三省堂) などがある。

高田　哲朗（たかだ　てつろう）

京都教育大学附属高校教諭：主な著書・論文に、『より良い英語授業を目指して』(大修館書店、分担執筆)、『現代英語教育の言語文化学的諸相』(三省堂、分担執筆)、『英語語彙指導ハンドブック』(大修館書店、分担執筆)、Polestar Writing Course（高等学校検定教科書、数研出版、共著)、Polestar English Course Ⅰ、Ⅱ（高等学校検定教科書、数研出版、共著)、『ジーニアス英和大辞典』(大修館書店、分担執筆) などがある。

溝畑　保之（みぞはた　やすゆき）

大阪府立鳳高校教諭：検定教科書　Main / New Stream English Course Ⅰ、Ⅱ、Reading（増進堂、共著)、『より良い英語授業を目指して』(大修館、分担執筆)、『英語語彙指導ハンドブック』(大修館書店、分担執筆)、論文に「高等学校英語Ⅰ、Ⅱ の授業の大半を英語で行うための工夫」(日本英語検定協会、共著)、「ポッドキャストでリスニング」(日本教育工学振興会、共著) がある。

正攻法がいちばん！
シャドーイングと音読 英語トレーニング

2007年9月1日　初版第1刷発行

監修・著：門田修平
著：高田哲朗、溝畑保之

装丁：B.C.（稲野　清、見留　裕）

表紙イラスト：花山由理
本文イラスト：松並良仁、近藤敏範

写真提供：NANA通信社

DTP：相原律子

英文校正：イアン・マーティン

発行人：坂本由子
発行所：コスモピア株式会社
〒151-0053 東京都渋谷区代々木4-36-4 MCビル2F
営業部 Tel: 03-5302-8378 email: mas@cosmopier.com
編集部 Tel: 03-5302-8379 email: editorial@cosmopier.com
http://www.cosmopier.com/

印刷製本：株式会社シナノ
音声編集：安西一明
CD録音・製作：名城アバ株式会社、中録サービス株式会社

英会話1000本ノック

まるでマンツーマンの英会話レッスン！

話せるようになるには「話す練習」が必要。ひとりでできる英会話レッスンを実現した、画期的な本が誕生しました。ソレイシィコーチがCDから次々に繰り出す1000本の質問に、CDのポーズの間にドンドン答えていくことで、英会話の瞬発力と、ことばをつないで会話をはずませる本物のスピーキング力を養成します。

著者：スティーブ・ソレイシィ
A5判書籍237ページ＋CD2枚（各74分）

定価1,890円
（本体1,800円＋税）

言いまくり！英語スピーキング入門

本書では沈黙は「禁！」

「あいさつ程度」から脱却するべく、描写力・説明力を徹底的に鍛える1冊。写真やイラストといった「視覚素材」を使って、考える→単語を探す→文を作る→口に出すという一連のプロセスのスピードアップを図り、見た瞬間から英語が口をついて出てくるようにするユニークなトレーニングブックです。

著者：高橋 基治／ロバート・オハラ
A5判書籍184ページ＋CD1枚（各54分）

定価1,680円
（本体1,600円＋税）

さっと使える英語表現1100

映画で使われた表現がギッシリ！

人気のメルマガ「映画で英会話TangoTango!!」が本になりました。著者が、自分で実際に見た映画から拾った表現を、映画のタイトルとミニ解説、どの俳優が何の役で、どんな場面で使ったか、簡潔にまとめて収録しています。ネイティブは中学レベルの単語をトコトン使い回して、たくさんのことを表現していることが

著者：佐藤 砂流
A5判書籍368ページ

定価1,890円
（本体1,800円＋税）

この日本語、英語ではこう言うの。

コミュニケーション・ギャップを埋める！

「お世話になっております」「お疲れさま」「がんばって」「お先に」、毎日のように口にするこれらの日本語、実はすんなり英語にはなりません。どうして直訳できないのか、どう言えば相手にニュアンスが伝わるのかを、日本と英語圏の文化的背景や発想の違いまで掘り下げて、わかりやすく示します。

著者：クリストファー・ベルトン
翻訳：渡辺 順子
B6判書籍242ページ

定価1,470円
（本体1,400円＋税）

基礎からの英語eメール仕事術

ビジネスeメールのマナーから実践まで

海外駐在15年の著者が、仕事を成功に導くeメールの書き方を伝授。シンプルな英語で必要事項を簡潔に伝える「ビジネスライク」な英文に「パーソナル・タッチ」を添えて、相手との信頼関係を築くメール作成のコツを学びます。現役ビジネスマンだから書けたナマナマしいケース・スタディが本書の特長です。

著者：柴田 真一
A5判書籍240ページ

定価2,100円
（本体2,000円＋税）

ライティング・パートナー

プロのイギリス人ライターが伝授！

英文ライティングの基本ルール、注意したい文法事項から、日記・メール・ビジネスレター・スピーチ原稿・プレゼン原稿の具体的書き方までカバー。これ1冊でどんな英文でも書けるようになります。英語を書くプロが、ネイティブの目から見た日本人の苦手な部分、稚拙な印象を回避するテクニック等を丁寧にアドバイス。

著者：クリストファー・ベルトン
翻訳：渡辺 順子
A5判書籍376ページ

定価2,310円
（本体2,200円＋税）

全国の書店で好評発売中！